PENSÉES

SUR LE

SACRÉ-CŒUR DE JÉSUS

POUR TOUS LES JOURS DE L'ANNÉE

A M S C J G

PAR

UN DIRECTEUR DE GRAND SÉMINAIRE

Auteur des Méditations sur le Sacré-Cœur de Jésus

Huc, juvenes, dulce ut nectar, fax ignea amoris.
Cor Jesu, ad vitam fons salientis aquæ.

Approchez, jeunes gens, doux comme le nectar, flambeau ardent de l'amour, le Cœur de Jésus est la source d'eau jaillissant jusqu'à la vie éternelle.
(Léon XIII.)

136ᵉ ÉDITION

ROME

IMPRIMERIE DU VATICAN

SAINT-ÉTIENNE

TYPE DE L'IMPRIMERIE THÉOLIER
éditeur de l'Œuvre du Sacré-Cœur
12, rue Gérentet
1927

PENSÉES

SUR LE

SACRÉ-CŒUR DE JÉSUS

Tout le jour j'ai étendu mes mains vers un peuple
incrédule et ennemi...

JE SUIS LA VOIE, LA VÉRITÉ, LA VIE

Cœur miséricordieux de Jésus, ayez pitié de nous,
pardonnez-nous, sauvez-nous.

PENSÉES

SUR LE

SACRÉ-CŒUR DE JÉSUS

POUR TOUS LES JOURS DE L'ANNÉE

A M S C J G

PAR

UN DIRECTEUR DE GRAND SÉMINAIRE

Auteur des Méditations sur le Sacré-Cœur de Jésus

> *Huc, juvenes, dulce ut nectar, fax ignea amoris.*
> *Cor Jesu, ad vitam fons salientis aquæ.*
>
> Approchez, jeunes gens, doux comme le nectar, flambeau ardent de l'amour, le Cœur de Jésus est la source d'eau jaillissant jusqu'à la vie éternelle.
> *(Leon XIII.)*

136ᵉ ÉDITION

ROME

IMPRIMERIE DU VATICAN

SAINT-ÉTIENNE

SOCIÉTÉ ANONYME DE L'IMPRIMERIE THÉOLIER
Imprimeur de l'Œuvre du Sacré-Cœur
12, rue Gérentet

1927

PROMESSES

faites par Notre-Seigneur à la Bien-heureuse Marguerite-Marie en faveur des personnes dévotes à son divin Cœur.

1° Je leur donnerai toutes les grâces nécessaires dans leur état.

2° Je mettrai la paix dans leur famille.

3° Je les consolerai dans toutes leurs peines.

3° Je serai leur refuge assuré pendant la vie et à l'heure de la mort.

5° Je répandrai d'abondantes bénédictions sur leurs entreprises.

6° Les pécheurs trouveront dans mon Cœur la source et l'Océan infini de la miséricorde.

7° Les âmes tièdes deviendront ferventes.

8° Les âmes ferventes s'élèveront rapidement à une grande perfection.

9° Je bénirai les maisons où l'image de mon Sacré-Cœur sera exposée et honorée.

10° Je donnerai aux prêtres le talent de toucher les cœurs les plus endurcis.

11° Les personnes qui propageront cette dévotion auront leur nom écrit dans mon Cœur, et il n'en sera jamais effacé.

VERS LATINS

Composés par le Souverain Pontife.

Huc, Juvenes, dulce ut nectar, fax ignea amoris,
  Cor Jésus, ad vitam fons salientis aquæ.
Suspicite, o Juvenes, divini incendia amoris,
Festinate alacres in Corde quiescere Jesu ;
Inde salus vobis, æternæ et præmia vitæ.

LEO PP. XIII.

Venez, jeunes gens : doux comme l'ambroisie, flambeau d'amour étincelant, le Cœur est aussi la fontaine d'où jaillit une eau vivifiante.

Admirez, ô vous adolescents, les ardeurs de l'amour divin. Entrez prompts et joyeux dans le Cœur de Jésus : demeurez-y en paix : là est votre salut ; là est le prix de la vie éternelle.

ARCHEVÊCHÉ
DE LYON

†

Lyon, le 24 août 1901

En la fête de saint Barthélemy, apôtre

M.

Je bénis le nouvel opuscule qui a le titre : *Pensées sur le Sacré-Cœur de Jésus pour tous les jours de l'année A. M. S. C. J. G.*

J'en autorise l'impression et la diffusion dans le clergé de Lyon. Ce sera pour moi une consolation de savoir que tous les élèves de nos séminaires et tous les prêtres du diocèse ont cet ouvrage entre les mains.

Grâce à cette lecture pieuse et substantielle, ils pourront chaque jour élever leur esprit et fortifier leur courage dans une communication plus intime avec le Cœur de Jésus, notre Salut et notre Espérance !

† PIERRE, Cardinal COULLIÉ,
Archevêque de Lyon et de Vienne,
Primat des Gaules.

ARCHEVÊCHE
DE PARIS

Paris, 19 mars 1902

†

M.

Nous bénissons bien volontiers l'opuscule qui a pour titre : *Pensées sur le Sacré-Cœur de Jésus pour tous les jours de l'année A M S C J G.* Il charmera les âmes qui vivent dans la pensée habituelle du Sacré-Cœur de Jésus, afin de conformer leur vie aux dispositions de ce divin Cœur.

J'accepte avec reconnaissance l'offre que vous me faites de donner cet ouvrage au clergé pendant les retraites pastorales et à nos chers élèves des séminaires.

Veuillez, etc.

> † FRANÇOIS, cardinal RICHARD,
> archevêque de Paris.

ARCHEVÊCHE
DE REIMS

Reims, 19 mars 1902

†

M.

Je bénis bien volontiers le petit ouvrage *Pensées sur le Sacré-Cœur de Jésus pour tous les jours de l'année A M S C J G.* Je serai heureux qu'il soit donné à mes séminaristes et au clergé de mon diocèse; c'est avec bonheur que je vois se répandre la dévotion au Sacré-Cœur, surtout dans le clergé, qui y trouve la grâce d'une vie toute divine, où son ministère se vivifie en le sanctifiant.

Ce petit ouvrage sera donc reçu avec gra-

titude, et nos prières ne vous feront pas dé-
faut.

Veuillez agréer, M.

† B. M. Cardinal LANGÉNIEUX,
archevêque de Reims.

ARCHEVÊCHÉ
DE TOULOUSE

Toulouse, 18 mars 1902

†

M.

Je joins volontiers mon témoignage d'approbation à celui de votre vénéré Cardinal de
Lyon, si bon juge en tout ce qui concerne la
saine doctrine la vraie piété, le bien des
âmes, et je souhaite que le livre les *Pensées
sur le Sacré-Cœur de Jésus pour tous les
jours de l'année* A M S C J G se répande et,
comme ses devanciers sortis de la même plu-
me ou plutôt du même cœur contribue à réchauffer les âmes de l'amour de N.-S. J.-C.

† AUGUSTIN, archevêque de Toulouse.

ARCHEVÊCHÉ
D'AVIGNON

Avignon, 19 mars 1902

†

M.

Je suis heureux de joindre mon approbation à celle de l'éminent Cardinal Archevêque de Lyon et de recommander le volume
sur le Sacré-Cœur intitulé: *Pensées sur le
Sacré-Cœur de Jésus pour tous les jours de
l'année* A M S C J G. Je vous suis reconnaissant de la bonté que vous avez de l'adres-

ser aux élèves de mes séminaires et aux prêtres de mon diocèse. Je voudrais le voir aussi entre les mains des fidèles qui trouveraient, dans les courtes réflexions présentées pour chaque jour de l'année, le moyen d'aimer davantage ce Cœur divin et de vivre dans une union de plus en plus intime avec lui.

Veuillez agréer, M..., etc.

† L.-FRANÇOIS, archevêque d'Avignon.

ARCHEVÊCHÉ
D'AIX,
ARLES ET EMBRUN
†

Aix, 20 mars 1902

M.

Que Dieu bénisse le petit ouvrage : *Pensées sur le Sacré-Cœur de Jésus pour tous les jours de l'année A M S C J G.*; je l'approuve bien volontiers. Je vous autorise très volontiers à le distribuer à mes prêtres et à mes séminaristes: à l'avance, je vous en remercie bien sincèrement.

Veuillez agréer, M...

† FRANÇOIS, archevêque d'Aix.

ARCHEVÊCHÉ
DE SENS
†

Sens, le 21 mars 1902

M.

Le petit livre intitulé : *Pensées sur le Sacré-Cœur de Jésus pour tous les jours de l'année A M S C J G* par le Directeur d'un grand séminaire, nous semble bien propre à réveiller la foi dans les âmes chrétiennes; nous le recommandons à la piété des ecclésiastiques et des fidèles et nous vous autorisons à l'envoyer aux prêtres et aux séminaristes de mon diocèse.

† ÉTIENNE, archevêque de Sens.

ARCHEVÊCHÉ
D'AUCH

Auch, 22 mars 1902

†

M.

Les *Pensées sur le Sacré-Cœur de Jésus pour tous les jours de l'année* A M S C J G puisées aux bonnes sources, dans les ouvrages des saints et dans les écrits d'auteurs très estimables, ne peuvent que faire le plus grand bien à ceux qui les méditeront.

Je bénis cet excellent petit livre et j'en autorise volontiers la diffusion dans mon diocèse.

Les élèves de nos séminaires et les prêtres y trouveront une nourriture substantielle et pieuse. Ils y puiseront un grand amour pour le Sacré-Cœur de Jésus et un ardent désir de rendre leur cœur plus semblable à ce Cœur qui a tant aimé les hommes. Que ce Cœur divin soit toujours plus connu, qu'il soit adoré et aimé de tous! Il sera le salut de ceux qui espèrent en lui.

† MATHIEU-VICTOR, archevêque d'Auch.

ARCHEVÊCHÉ
DE CHAMBÉRY

Chambéry, 25 mars 1902

✝

M.

Je vous remercie encore une fois du charmant volume que vous avez bien voulu m'adresser sur la dévotion quotidienne au Sacré-Cœur de Jésus. Vous réalisez ainsi le vœu du Sauveur: « Je suis venu, disait-il, répandre en ce monde le feu du ciel et, ce que je désire par-dessus tout, c'est que ce feu devienne un vaste incendie. »

Déjà les catholiques anglais avaient eu l'idée de composer un petit calendrier à effeuiller contenant, pour chaque jour de l'année, une sentence en l'honneur du Sacré-Cœur tirée des Saints Pères ou des auteurs mystiques; mais l'œuvre que vous présentez au public chrétien est plus étendue. Ce ne sont pas seulement quelques lignes, mais une page entière admirablement choisie, comme une attrayante lecture et un sujet de pieuse méditation.

Puissent ces extraits convaincre de plus en plus les esprits de la légitimité et de l'importance du culte que nous rendons au Sacré-Cœur! puissent-ils réchauffer la ferveur dans toutes les âmes de bonne volonté.

Veuillez agréer, M.... etc

✝ FRANÇOIS, archevêque de Chambéry.

EVÊCHÉ
DE MOULINS

Moulins 19 mars 1902.

✝

M.

Je m'empresse de vous accuser réception et

de vous remercier bien sincèrement de l'envoi des *Pensées sur le Sacré-Cœur de Jésus pour tous les jours de l'année* A M S C J G. C'est une très heureuse inspiration d'avoir songé à échelonner le long de chacun des jours de l'année une pensée sur le Sacré-Cœur de Jésus. Aussi je m'unis avec joie à votre éminent et vénéré Cardinal-archevêque de Lyon pour bénir ce pieux opuscule qui fera beaucoup de bien, non seulement à mes séminaristes et aux prêtres de mes retraites pastorales qui le recevront avec bonheur, mais aussi à tous les fidèles qui en feront leur lecture quotidienne.

Je vous renouvelle, M..., etc.

† AUGUSTE, évêque de Moulins.

ÉVÊCHE
DE VALENCE
(Drôme)

†

Valence, 19 mars 1902

M.

Je vous suis extrêmement reconnaissant de l'envoi que vous avez bien voulu me faire du recueil des *Pensées sur le Sacré-Cœur de Jésus pour tous les jours de l'année* A M S O J G.

Tout ce que vous faites pour la gloire de ce Cœur adorable vous méritera les grâces les plus abondantes.

Je serais très heureux que vous puissiez envoyer un exemplaire de ce pieux livre à chacun de mes prêtres et de mes séminaristes, et je vous en remercie cordialement d'avance.

Veuillez agréer etc.

† CHARLES, évêque de Valence.

**EVECHE
DE NIMES**
†

Nimes, 19 mars 1902

M.

Je recommande très vivement à l'attention pieuses des prêtres et des fidèles le recueil de *Pensées sur le Sacré-Cœur de Jésus pour tous les jours de l'année A M S C J G*. Ce recueil, approuvé par Son Eminence le Cardinal-archevêque de Lyon, renferme des extraits choisis, empruntés aux meilleurs auteurs.

La brièveté de l'exercice pour chaque jour, le choix des pensées, la prière indulgenciée et la résolution quotidienne et les divers exercices pieux joints à l'ouvrage, rendront ce petit manuel d'un usage facile et intéressant pour toutes les personnes de piété.

Veuillez agréer, M...

† FÉLIX, évêque de Nîmes.

**EVECHE
DE TROYES**
†

Troyes. 19 mars 1902

M.

Je vous remercie d'avoir bien voulu m'envoyer un nouvel ouvrage en l'honneur du Sacré-Cœur; j'accepte avec une sincère reconnaissance que vous vouliez bien le donner à mes prêtres et à mes séminaristes.

Les *Pensées sur le Sacré-Cœur de Jésus pour tous les jours de l'année A M S C J G* répondent au désir exprimé par N.-S. à la B. Marguerite-Marie, que son divin Cœur fût honoré chaque jour d'une manière spéciale.

Les âmes pieuses feront de ces pensées leur VADE MECUM elles y trouveront LUMIÈRE, FORCE et CONSOLATION.

C'est donc de tout cœur que je bénis cette nouvelle manifestation d'amour pour le Sacré-Cœur, demandant à Jésus de féconder la semence répandue dans le champ du Père de famille.

Veuillez agréer, M..., etc.

† GUSTAVE-ADOLPHE, évêque de Troyes.

<table>
<tr><td>PETIT SÉMINAIRE
DE
L'IMMACULÉE-CONCEPTION
DIGNE</td><td>Digne, 10 mars 1902</td></tr>
</table>

M.

Tout est permis à votre amour pour Notre-Seigneur Jésus-Christ, et je ne saurais assez vous dire toute ma reconnaissance.

J'ai donc reçu les excellentes *Pensées sur le Sacré-Cœur de Jésus pour tous les jours de l'année A M S C J G.* que vous avez eu la bonté de m'adresser, et je m'appliquerai à les savourer pour mon compte personnel, jour à jour, une par jour. Mes prêtres et mes séminaristes les recevront avec la même reconnaissance et, je l'espère avec le même, sinon avec un plus grand fruit.

Agréez, M...

JEAN, évêque de Digne.

EVECHE
D'AGEN

Agen, 19 mars 1902

†

M.

Je reçois à l'instant le nouveau petit livre dédié au Sacré-Cœur et intitulé si heureusement : *Pensées sur le Sacré-Cœur de Jésus pour tous les jours de l'année* A M S C J G.

Quelle excellente idée ! Une pensée pour tous les jours de l'année ! et quelles pensées ! autant que j'ai pu les apprécier dans un rapide coup d'œil sur l'ouvrage.

Ah ! certes, oui, je bénis de tout cœur ce petit trésor des *Pensées* et je vous remercie profondément de celle que Notre-Seigneur vous suggère d'offrir à tous nos retraitants ce cher recueil. Il leur sera distribué par moi-même, non sans quelques réflexions pour qu'il soit accueilli comme il mérite d'être reçu, gardé, parcouru à l'égal d'un manuel de la plus intime dévotion de chacun à l'égard du Cœur de Jésus même Nos séminaristes seront bien fiers d'être traités comme les prêtres : pour eux encore, merci.

Daignez agréer, M...

† CHARLES, évêque d'Agen.

EVECHE
DE LIMOGES

Limoges, 19 mars 1902

†

M.

J'unis volontiers mon approbation et ma bénédiction à celles que Son Eminence le Cardinal-Archevêque de Lyon a bien voulu donner à l'opuscule intitulé : *Pensées sur le Sacré-Cœur de Jésus pour tous les jours de l'année* A M S C J G.

Je suis convaincu que la lecture et la méditation de ces pieuses pages feront un bien réel aux âmes chrétiennes qui cherchent dans le Cœur de Jésus leur refuge leur consolation et leur force.

Je suis très touché de votre généreuse intention ; j'accepterai avec empressement et reconnaissance les volumes que vous voudrez bien m'envoyer pour moi, pour mes vicaires généraux, pour mes séminaristes et les prêtres de mon diocèse.

Agréez, M... ✝ FIRMIN, évêque de Limoges.

EVECHE
DU PUY
✝

Le Puy, 1ᵉ mars 1902

M.

Je me fais un devoir de joindre mon approbation et ma bénédiction à celles que l'éminent Cardinal de Lyon vient de donner au nouvel opuscule ayant pour titre : *Pensées sur le Sacré-Cœur de Jésus pour tous les jours de l'année* A M S C J G.

Rien de plus édifiant et de plus instructif. C'est comme une somme du Sacré-Cœur, où les âmes pieuses, les âmes sacerdotales en particulier, trouveront la lumière, le courage, la consolation et l'onction.

J'ai la confiance que les séminaristes et les prêtres du diocèse du Puy s'y renouvelleront quotidiennement dans leur dévotion au Cœur de Jésus. ✝ CONSTANT, évêque du Puy.

EVECHE
DE GAP

Gap, 20 mars 1902

†

M.

Je vous suis bien reconnaissant de m'avoir adressé le petit opuscule dernièrement paru sur le Sacré-Cœur et qui a pour titre : *Pensées sur le Sacré-Cœur de Jésus pour tous les jours de l'année A M S C J G.* Je bénis votre zèle pour développer cette grande dévotion qui, je l'espère sera notre salut.

Je serai heureux que vous fassiez jouir les prêtres et les séminaristes du diocèse de Gap de ces pieuses lectures qui leur feront mieux connaître et mieux servir le Sacré-Cœur.

En vous bénissant, veuillez, M...

† PROSPER-AMABLE, évêque de Gap.

EVECHE
DE NEVERS

Nevers, 20 mars 1902

†

M.

Je vous remercie du nouvel opuscule *Pensées sur le Sacré-Cœur de Jésus pour tous les jours de l'année A M S C J G,* que vous avez bien voulu m'envoyer ; je le bénis très volontiers et je souhaite qu'à l'exemple de ses devanciers, il se répande et développe partout où il ira le culte du Sacré-Cœur.

Il me sera très agréable que vous le donniez aux prêtres et aux séminaristes de mon diocèse.

Veuillez agréer, M..., etc.

† ETIENNE, évêque de Nevers.

EVECHE
DE SAINT-BRIEUC
ET DE TRÉGUIER
✝

Saint-Brieuc, 21 mars 1902

M.

J'ai approuvé et j'approuve avec joie le nouvel opuscule qui m'a été soumis et qui a pour titre : *Pensées sur le Sacré-Cœur de Jésus pour tous les jours de l'année A M S C J G.* Je le bénis.

Je serai heureux de savoir que mes prêtres, mes séminaristes et tous les pieux fidèles de mon diocèse méditeront ce petit livre et en feront leur profit.

✝ PIERRE-MARIE, évêque
de Saint-Brieuc et de Tréguier.

EVECHE
DE BAYEUX
✝

Bayeux, 21 mars 1902

M.

Approuvé et béni par Son Eminence le Cardinal-Archevêque de Lyon le recueil de *Pensées sur le Sacré-Cœur de Jésus pour tous les jours de l'année A M S C J G* ne peut manquer d'être accueilli par moi avec sympathie et reconnaissance. Je le bénis de tout cœur et je serai heureux que vous vouliez bien l'offrir aux prêtres et aux séminaristes de mon diocèse, et je prie Notre-Seigneur d'accompagner de sa grâce ces pieuses pensées.

Agréez, M...

✝ LÉON, évêque de Bayeux.

EVECHE
DE BLOIS

Blois, 21 mars 1902

✝

M.

C'est avec la plus vive reconnaissance que je reçois le petit ouvrage que vous avez bien voulu m'adresser : *Pensées sur le Sacré-Cœur de Jésus pour tous les jours de l'année.* A M S C J G. Je l'approuve et le bénis de grand cœur.

Je vous remercie d'avance de l'envoi que vous vous proposez de faire aux prêtres réunis pour la retraite pastorale, ainsi qu'à mes jeunes séminaristes.

Je ne puis, en ce moment, qu'appeler les meilleures bénédictions de Dieu sur vous et sur l'œuvre du Sacré-Cœur.

Veuillez agréer, M...

✝ CHARLES, évêque de Blois.

EVECHE
DE TARENTAISE

Moutiers (Savoie) 21 mars 1902

✝

M.

Je suis vraiment touché de la délicate attention que vous avez eue de m'adresser un exemplaire des *Pensées sur le Sacré-Cœur de Jésus pour tous les jours de l'année* A M S C J G. Ces pensées, étant toutes extraites des ouvrages des saints, seront pour moi, comme pour mon clergé, un excellent thème de méditations.

C'est vous dire, M... que je ferai l'accueil le plus reconnaissant aux exemplaires que vous voudrez bien me faire parvenir pour mes prêtres et mes séminaristes. Mon vœu le plus ardent est que la dévotion au Sacré-Cœur fleurisse dans toute la Tarentaise.

† LUCIEN-LACROIX, évêque de Tarentaise.

ÉVÊCHE
DE PERPIGNAN
Perpignan, 22 mars 1902

†

M.

Je vous remercie du nouveau et charmant petit livre que vous avez eu la bonté de m'envoyer. S'il fut jamais un temps où la France eut besoin d'avoir recours au Cœur sacré de Jésus « qui a tant aimé les hommes », c'est assurément celui où nous vivons. Toutes nos saintes libertés sont compromises, les hommes sont impuissants à nous défendre, Dieu seul peut nous assurer un lendemain favorable. J'ai confiance que ce lendemain nous sera donné par le Cœur de notre bon Maître.

Veuillez agréer, M...

† JULES, évêque de Perpignan.

ÉVÊCHE
D'ANGOULÊME
Angoulême, 22 mars 1902

†

M.

C'est avec une vive reconnaissance que j'agrée l'hommage du nouvel apôtre du Sacré-Cœur, bien digne de ses aînés, et bien propre à répandre partout le feu sacré dont le Cœur divin est le foyer.

Hélas ! c'est bien aujourd'hui surtout qu'il faut faire régner le Cœur de Jésus sur la France, puisque notre chère patrie a plus que jamais besoin à cette heure de ses miséricordes.

Je suis ravi que vous donniez à tous mes prêtres les *Pensées sur le Sacré-Cœur de Jésus pour tous les jours de l'année A M S C J G*, espérant beaucoup de cette propagande de la dévotion au Sacré-Cœur pour faire bénir leur ministère.

Agréez. M...

† ERNEST, évêque d'Angoulême.

EVECHE
DE VIVIERS
†
    M.

Viviers, 24 mars 1902

Vous avez eu la très heureuse pensée d'offrir tous les jours de l'année, aux âmes dévotes au Sacré-Cœur, une pieuse et courte réflexion tirée des meilleurs auteurs. Ce précieux recueil contribuera puissamment à nourrir la piété, à faire mieux connaître Notre-Seigneur et à aviver dans les cœurs la flamme du divin amour je l'approuve et le bénis.

† J.-M. FRÉDÉRIC, évêque de Viviers.

EVECHE
D'AJACCIO
†
    M.

Ajaccio, 24 mars 1902

Je bénis et l'approuve très volontiers les *Pensées sur le Sacré-Cœur de Jésus pour tous les jours de l'année A M S C J G*.

Puisse ce charmant petit livre se répandre et porter dans un grand nombre d'âmes l'amour du Sacré-Cœur !

+ LOUIS, évêque d'Ajaccio.

ÉVÊCHÉ
D'AIRE
+

Aire, 25 mars 1902

M.

Je trouve au retour d'une visite pastorale le charmant petit livre intitulé: *Pensées sur le Sacré-Cœur de Jésus pour tous les jours de l'année* A M S C J G, que vous avez eu la bonté de m'envoyer, et m'empresse de vous en remercier.

Combien propres à faire honorer Notre-Seigneur et à pénétrer les âmes d'une sérieuse dévotion envers son divin Cœur sont ces pensées ainsi proposées pour chaque jour à l'édification du lecteur.

Je ne puis que bénir la pensée que vous avez d'offrir à chacun de mes prêtres et de mes séminaristes un exemplaire de ce précieux recueil.

Ils y trouveront un nouvel et substantiel aliment à leur piété, et eux-mêmes, j'en suis sûr, vous béniront de leur avoir procuré ce bienfait

Veuillez agréer, M...

+ VICTOR, évêque d'Aire et de Dax.

EVECHE
D'ORAN

Oran, 25 mars 1902

✝

M.

Je bénis et j'approuve de tout mon cœur l'opuscule intitulé : *Pensées sur le Sacré-Cœur de Jésus pour tous les jours de l'année A M S C J G.* Je serai heureux d'en favoriser la diffusion dans le diocèse d'Oran, et surtout de le voir entre les mains de tous nos prêtres et de tous nos séminaristes, qu'il aidera puissammant à connaître et aimer de plus en plus le Sacré-Cœur de Jésus.

Veuillez agréer M..., etc.

✝ EDOUARD, évêque d'Oran.

EVECHE
DE PAMIERS

Pamiers, 26 mars 1902

✝

M.

J'ai l'honneur de vous accuser réception des *Pensées sur le Sacré-Cœur de Jésus pour tous les jours de l'année A M S C J G.* Je vous remercie de me les avoir envoyées : je les approuve de grand cœur et je vous serai reconnaissant si vous voulez bien les offrir au clergé et aux séminaristes de mon diocèse.

Je vous bénis et veuillez, je vous prie, M...

✝ PIERRE-EUGÈNE, évêque de Pamiers.

EVECHE
DE MONTAUBAN

Montauban, 27 mars 1902

✝

M.

J'ai reçu avec bonheur le petit volume

Pensées sur le Sacré-Cœur de Jésus pour tous les jours de l'année A M S C J G, que vous avez bien voulu m'adresser. Je suis persuadé que ce pieux recueil ne peut que contribuer puissamment à propager la dévotion au Cœur du divin Maître. Et n'est-ce pas à cette source sacrée que nous devons aller puiser les secours dont nous avons besoin en ces jours malheureux ?

Aussi c'est de tout cœur que j'approuve ce volume et que je demande au bon Dieu qu'il daigne le bénir.

Veuillez agréer, M...

† ADOLPHE, évêque de Montauban.

EVECHE   Tulle, 28 mars 1902
DE TULLE

†

     M.

J'approuve et recommande pour mon diocèse, spécialement pour les prêtres, les séminaristes, les communautés et les personnes pieuses, l'opuscule intitulé: *Pensées sur le Sacré-Cœur de Jésus pour tous les jours de l'année* A M S C J G, honoré déjà par de plus hautes approbations.

† HENRI, évêque de Tulle.

EVECHE   Quimper, 29 mars 1902
DE QUIMPER
ET DE LEON

†

     M.

Je vous remercie vivement de l'opuscule: *Pensées sur le Sacré-Cœur de Jésus pour tous les jours de l'année* A M S C J G, dont vous avez bien voulu me faire hommage. Mes chers séminaristes de Quimper, auxquels vous vous proposez de l'offrir, le recevront avec joie et je me persuade que les prêtres le liront avec autant d'attrait que de profit. Rien, en effet, n'est bon et utile, pour un futur prêtre, comme de se mettre en communication intime avec le Cœur du Pasteur des Pasteurs. La méditation quotidienne des courtes et substantielles pensées contenues dans cet excellent petit livre, les aidera puissamment à pratiquer la vertu, le zèle et le dévouement nécessaires aujourd'hui plus que jamais, à ceux qui veulent se consacrer à Dieu et aux âmes.

Veuillez agréer, M...

+ FRANÇOIS-VIRG., évêque de Quimper.

A côté de Nos Seigneurs qui nous ont fait l'honneur d'une approbation motivée, nous devons placer les noms des Prélats qui ont bien voulu favorablement accueillir l'ouvrage.

Ce sont :

Leurs Eminences les Cardinaux d'Autun, de Bordeaux et de Rennes.

Nos Seigneurs les Archevêques d'Albi, d'Alger de Bourges, de Cambrai et de Carthage.

Et Nos Seigneurs les Evêques d'Arras d'Amiens, de Bayonne, de Clermont, de Cahors, de Saint-Dié, de Fréjus, de Grenoble, de Laval de Luçon, de Meaux, de Mende, de Nancy, de Nantes, d'Orléans, de Périgueux, de Rodez et de Séez.

INDULGENCES

Le Souverain Pontife Léon XIII, par un bref en date du 19 mars 1902, rapporté ci-dessous, a daigné enrichir d'indulgences applicables aux âmes du Purgatoire la prière suivante:

Mon Dieu, mon unique bien, vous êtes tout pour moi, que je sois tout pour vous.

Une indulgence plénière est accordée une fois par mois à ceux qui l'auront récitée chaque jour du mois, à la condition que, s'étant confessés et ayant communié, ils visitent une église ou un oratoire public et y prient aux intentions ordinaires. De plus, une indulgence de trois cents jours est accordée chaque jour de l'année, à ceux qui, ayant le cœur contrit, la réciteront pieusement.

Leo PP. XIII.

Ad perpetuam rei memoriam. Supplices ad Nos adhibuit præces Venerabilis Frater Gulielmus Episcopus titularis Porphyreonius, Sacrista noster, ut nonnullis indulgentiis ditare velimus hanc invocationem: *Mon Dieu, mon unique bien, vous êtes tout pour moi, que je sois tout pour vous.* Nos qui pro pastorali nostro officio fidelium pietatem fovere et excitare studemus, piis ejusdem Venerabilis Fratris votis libenter obsecundantes, de omni potentis Dei misericordia ac BB. Petri et Pauli app. ejus auctoritate confisi, universis et singulis utriusque sexus Christifidelibus qui quotidie mense integro supradictam invocationem quolibet idiomate, dummodo versio sit fidelis, devote recitaverint, et uno ejusdem mensis die ad cujusque arbitrium sibi eligendo vere pœnitentes et confessi ac S. communione refecti, quamlibet ecclesiam seu oratorium publicum devote visitaverint, ibique pro christianorum principum concordia, hæresum extirpatione, peccatorum conversione, ac S. Matris Ecclesiæ exaltatione pias ad Deum preces effuderint, plenariam omnium peccatorum suorum indulgentiam et remissionem misericorditer in Domino concedimus. Præterea eisdem fidelibus, qui corde saltem contriti quolibet anni die memoratam invocationem devote recitaverint tercentum dies de injunctis eis seu aliàs quomodolibet debitis pœnitentiis in forma. Ecclesiæ consueta relaxamus. Quas omnes et singulas indulgentias, peccatorum remissiones ac pœnitentiarum relaxationes etiam animabus Christifidelium, quæ Deo in charitate conjunctæ ab hac luce migraverint, per modum suffragii applicari posse indulgemus. In contrarium facien. non obstan. quibuscumque. Præsentibus perpetuis futuris temporibus valituris. Præcipimus autem ut præsentium litterarum (quod nisi fiat nullas easdem esse volumus) exemplar ad secretariam congregationis indulgentiis sacrisque reliquiis præpositæ deferatur juxtà decretum ab eadem Congregatione sub die XIX Januarii MDCCLVI latum et a

Benedicto XIV prædecessore nosrro die XXVIII dicti mensis adprobatum: atque volumus ut earumdem harum litterarum transumptis seu exemplis etiam impressis, manu alicujus notarii publici subscriptis, et sigillo personæ in ecclesiastica dignitate constitutæ munitis eadem prorsus fides adhibeatur, quæ adhiberetur ipsis præsentibus, si forent exhibitæ vel ostensæ.

Datum Romæ apud S. Petrum sub annulo Piscatoris die XIII martii MCMII. Pontificatus nostri an. XXV.

† Locus sigilli   ALOIS. CARD. MACCHI.

† Locus sigilli   Præsentium litterarum aplicarum, exemplar delatum fuit ad secretariam S. Congnis Indulgentiis sacrisque Reliquiis præpositæ. In quorum fidem, etc.

Datum ex eadem secretaria die 17 martii 1902.
JOSEPHUS M. Card. COSELLI, *substitutus.*

Visum cum reverentia et recognitum.

Lugd. die 25 martii 1902.
† Locus sigilli   ÷ PETRUS C. COULLIE.
Arch. Lugd et Vienn.

PRÉFACE

N.-S. J.-C. dit un jour à sainte Madeleine de Pazzi : « Je veux vous donner une règle de conduite que vous garderez jusqu'à ce que je vous appelle à jouir de ma gloire dans la terre des vivants : Vous déposerez sur l'autel de mon Cœur, en union avec les fidèles, l'oblation journalière de tous vos actes intérieurs et extérieurs. »

Ami du Sacré-Cœur, prenez pour vous cette leçon du divin Maître et chaque jour offrez toutes vos actions au Cœur de Jésus ; faites-les selon ses saintes intentions, et ainsi, selon la parole de la B. Marguerite-Marie, si fidèle à cette pratique, cet aimable Cœur suppléera à tout ce qui pourra manquer de votre part ; car il aimera Dieu pour vous et vous l'aimerez en lui et par lui.

C'est pour vous aider dans cet exercice qu'a été composé ce petit volume : Pensées sur le Sacré-Cœur de Jésus pour tous les jours de l'année. Chaque jour, une pensée, puisée dans les écrits des Saints ou de ceux qui ont le mieux parlé du Sacré-Cœur, y est proposée à votre piété ; méditez-la doucement, afin de vous en bien pénétrer, et, après avoir récité avec ferveur la prière indulgenciée, renouvelez la résolution de mieux servir le Cœur de Jésus.

Que de grâces et de mérites vous acquerrez, si vous passez ainsi tous les jours de votre vie dans le souvenir habituel du Sacré-Cœur. Jésus vous fera éprouver la douceur et la force de son secours, et au dernier jour il mettra le comble à vos vœux en se donnant à vous pour l'éternité.

Cœur Sacré de Jésus, daignez bénir ce modeste travail entrepris pour votre gloire. Puisse-t-il servir à vous faire connaître et à vous faire aimer !

Une faveur bien précieuse vient d'être accordée.

Le Souverain Pontife, Léon XIII, à qui ce travail a été offert et soumis avant d'être imprimé, a daigné le bénir et « a permis d'ajouter, dans la Préface que **Sa Sainteté en désire la diffusion afin que chaque jour contribue à faire connaître et aimer le Sacré-Cœur de Jésus**. » (Lettre du Révérendissime Père Maître du Sacré-Palais, 6 septembre 1901.)

N. B. — On trouvera, après le mois de décembre, des *Pensées* pour les principales fêtes mobiles ; on voudra bien s'y reporter aux jours où tomberont ces fêtes.

PENSÉES

SUR LE

SACRÉ-CŒUR DE JÉSUS

POUR TOUS LES JOURS DE L'ANNÉE

MOIS DE JANVIER

1er janv. — CIRCONCISION DE N.-S. J.-C.

Dieu nous fait passer d'une année à l'autre, donnant une leçon annuelle de l'anéantissement des années qui nous mènent à l'éternité. Elles s'en vont, ces années les unes après les autres : en dévidant leur durée, elles dévident notre vie mortelle. Oh ! que l'éternité est incomparablement plus aimable, puisque sa durée est sans fin, que ses jours sont sans nuit et ses contentements invariables !

(S. FRANÇOIS DE SALES.)

Cœur sacré de Jésus bénissez cette nouvelle année.

PRIÈRE. — Mon Dieu, mon unique bien, vous êtes tout pour moi, que je sois tout pour vous.

RÉSOLUTION. — Consacrer cette nouvelle année au Sacré-Cœur.

2 janvier.— OCTAVE DE SAINT ÉTIENNE

O tendre Jésus, changez mon pauvre cœur en votre Cœur adorable; que la plaie profonde de votre côté entr'ouvert me défende et me sauve de tous mes ennemis; que l'eau vivifiante que vous avez répandue purifie mon esprit et me lave de tous mes péchés. Que votre sang glacé me ranime et embellisse mon âme de grâces et de vertus. Que vos peines et vos douleurs attachent votre Cœur au mien et me le rendent toujours aimable et favorable.

(Le B. Henri Suzo.)

PRIERE. — Mon Dieu, mon unique bien, vous êtes tout pour moi, que je sois tout pour vous.

RESOLUTION. — Prier souvent Jésus de changer votre cœur.

3 janvier. — SAINTE GENEVIÈVE, vierge.

Le Christ aime toujours les Francs, son Cœur sacré s'attendrit sur leur sort comme sur son ami Lazare, dont il pleure la mort : *Et lacrymatus est Jesus*, et il est assez puissant pour nous ressusciter si nous l'invoquons avec un cœur contrit et humilié. En nous consacrant au Sacré-Cœur de Jésus, nous ne devons pas oublier que la voie la plus sûre pour y arriver est le très pur et le très saint Cœur de Marie. (Mgr Delalle.)

PRIERE. — Mon Dieu, mon unique bien, vous êtes tout pour moi, que je sois tout pour vous.

RESOLUTION. — Demander au Sacré-Cœur le salut de la France.

4 janv. — OCTAVE DES SS. INNOCENTS

Allez au Cœur de Jésus avec amour : il veut être aimé. Saint Bernard chantait dans une vision où il contemplait l'Enfant-Jésus d'une manière sensible : « Seigneur, Seigneur, que vous êtes petit mais que vous êtes digne d'être aimé. *Parvulus Dominus, amabilis nimis !* » Ah ! oui, il veut être aimé, offrez-lui votre tendresse, vous avez éparpillé votre âme, vous avez semé les trésors de votre cœur, et Notre-Seigneur consent à accepter ces débris d'une existence frivole. Venez et sachez l'aimer. (Mgr MERMILLOD.)

PRIERE. — Mon Dieu, mon unique bien, vous êtes tout pour moi, que je sois tout pour vous.

RESOLUTION. — Aimer le Sacré-Cœur.

5 janv. — S. TÉLESPHORE, pape et martyr

Mon cœur est à Jésus, et le Cœur de Jésus est à moi. Ma fin est nécessairement la sienne, et le moyen le plus sûr c'est de tendre à cette fin par le Cœur le Jésus. Je dois donc faire passer mon amour et tous les témoignages de mon amour par le Cœur de Jésus et par le Cœur de Marie, pour arriver plus sûrement au Cœur de Jésus.

(LE PÈRE DE RAVIGNAN)

PRIERE. — Mon Dieu, mon unique bien, vous êtes tout pour moi, que je sois tout pour vous.

RESOLUTION. — Recourir au Cœur de Jésus pour obtenir notre salut.

6 janvier. — ÉPIPHANIE.

Les Mages s'étaient mis en marche pour chercher et adorer celui dont l'étoile leur avait apparu en Orient. Or, que trouvent-ils ? Entrant dans la maison, ils trouvent l'Enfant avec Marie, sa Mère. L'Enfant avec sa Mère ! Ah ! pour quiconque connait la portée mystérieuse des faits évangéliques, il y a ici un mystère. C'est qu'on ne trouve Jésus qu'avec Marie et par Marie. Vous cherchez l'Enfant sans la Mère, vous ne le trouverez pas.

(Mgr Pie.)

PRIERE. — Mon Dieu, mon unique bien, vous êtes tout pour moi, que je sois tout pour vous.

RESOLUTION. — Aller au Cœur de Jésus par Marie.

7 janv. — Ste MÉLANIE, vierge et martyre.

Les Mages venus pour adorer Jésus dans sa crèche ne s'informèrent pas de sa nature et de son origine : ils se prosternèrent en silence, sans s'embarrasser de questions oiseuses et déposèrent à ses pieds leurs présents. Faites comme eux, et laissant là toutes les recherches de la curiosité, déposez aux pieds de Jésus vos bonnes œuvres. (S. Ephrem.)

PRIERE. — Mon Dieu, mon unique bien, vous êtes tout pour moi, que je sois tout pour vous.

RESOLUTION. — Adorer en silence Jésus Enfant.

8 janv. — S. LUCIEN, év. Beauvais, martyr.

Soyons attentifs à l'étoile que Dieu fait briller sur nos âmes pour les conduire. Chacune a sa voie : pour quelques âmes privilégiées, le Cœur adorable de Jésus est présenté comme le guide qu'elles doivent suivre. Si quelquefois l'étoile de l'inspiration céleste semble voilée, ne nous attristons pas : à l'exemple des Mages, nous pouvons consulter la loi et les ministres de Dieu qui nous dirigeront vers Jésus.

PRIERE. — Mon Dieu, mon unique bien, vous êtes tout pour moi, que je sois tout pour vous.

RESOLUTION. — Suivre les inspirations de l'Esprit-Saint.

9 janv. — SAINT VANENG, abbé à Fécamp

Ne pensez pas à approcher de ce trône de pauvreté avec l'amour des richesses. Dépouillez-vous, du moins en esprit, vous qui venez à la crèche du Sauveur. Au lieu de nous glorifier du riche appareil qui nous environne rougissons d'être parés là où Jésus-Christ est nu et délaissé. (BOSSUET.)

PRIERE. — Mon Dieu, mon unique bien, vous êtes tout pour moi, que je sois tout pour vous.

RESOLUTION. — Nous détacher des biens de la terre.

10 janv. S. GUILLAUME, arch. de Bourges.

L'or que nous devons au Cœur de Jésus, c'est un amour, une ardente charité, qui est cet or purifié par le feu, qu'il faut acheter de

J.-C. L'encens est quelque chose qui s'exhale.
Exhalons-nous devant Dieu en pure perte de
nous-mêmes. Ajoutons-y la myrrhe, c'est-à-
dire un doux souvenir de la passion et de la
sépulture du Sauveur ; car sans sa mort il n'y
a pas d'oblation sainte. (BOSSUET.)

PRIERE. — Mon Dieu, mon unique bien, vous
êtes tout pour moi, que je sois tout pour vous.

RESOLUTION. — Offrir à Jésus notre cœur.

11 janv. — SAINT HYGIN, pape et martyr.

Cœur sacré de Jésus, vous appelez à votre
berceau les pauvres et les riches les bergers
et les rois, les Juifs et les Gentils, ne voulant
pas qu'aucun périsse. O miséricorde, ô bonté !
attirez-nous aussi, ô doux Jésus, à votre crèche : faites que nous vous y adorions en esprit
et en vérité, que nous vous reconnaissions
pour notre Dieu, notre maître et notre modèle,
et que nous nous attachions à vous par
l'amour et l'imitation. Ainsi soit-il.

PRIERE. — Mon Dieu, mon unique bien, vous
êtes tout pour moi, que je sois tout pour vous.

RESOLUTION. — Aller à la crèche avec les
bergers.

12 janv. — Ste CÉSARIE, abbesse à Arles.

J'ai été créé homme, c'est-à-dire cœur, à
l'image du Cœur de Jésus modèle de tous les
cœurs. J'ai été créé pour tendre à la même
fin que le Cœur de Jésus, pour louer, révérer,
servir, glorifier Dieu comme le Cœur de Jésus,

c'est-à-dire pour donner du sang et des larmes ; en un mot, pour endurer les souffrances, les humiliations comme le Cœur de Jésus.

(Le Père de Ravignan.)

PRIERE. — Mon Dieu, mon unique bien, vous êtes tout pour moi, que je sois tout pour vous.

RESOLUTION. — Imiter le Cœur de Jésus dans la manière de servir Dieu.

13 janvier. — OCTAVE DE L'EPIPHANIE

L'Epiphanie doit éveiller en nous une vive reconnaissance de la double grâce qu'elle nous rappelle ; d'abord notre vocation à la foi qui nous est commune avec tous les chrétiens, et ensuite l'attrait spécial qui nous a été donné pour la piété. Le Cœur de Jésus nous demande plus d'amour, parce qu'il nous a plus aimés que d'autres. Donnons à Notre-Seigneur, ouvrons nos trésors comme les mages. Ne réservons rien !

PRIERE. — Mon Dieu, mon unique bien, vous êtes tout pour moi, que je sois tout pour vous.

RESOLUTION. — Etre fidèle à notre vocation.

14 janvier. — SAINT HILAIRE,
évêque de Poitiers, confesseur et docteur.

Je m'abandonne totalement au Sacré-Cœur de N.-S. J.-C., pour me consoler ou m'affliger selon son bon plaisir, me contentant d'adhérer à toutes ses dispositions, me regardant comme sa victime qui doit toujours être dans un continuel acte d'immolation et de sacrifice, selon son bon plaisir, ne m'attachant à rien, qu'à l'aimer et le contenter, en agissant et en souffrant en silence. (LA B. MARGUERITE-MARIE.)

PRIERE. — Mon Dieu, mon unique bien, vous êtes tout pour moi, que je sois tout pour vous.

RESOLUTION. — Nous abandonner au bon plaisir du Sacré-Cœur.

15 janvier. — SAINT PAUL, premier ermite.

La blessure du Cœur de Jésus nous apprend à demander sans cesse que nos cœurs soient percés par la lance de la charité. La plaie du côté qui est la plaie du Cœur, nous fait donc connaitre la charité si affectueuse de J.-C., charité qui donne un lustre ineffable à toutes ses actions, à toutes ses paroles, à toutes ses souffrances, et les remplit d'une indicible suavité. (LANSPERGE LE CHARTREUX.)

PRIERE. — Mon Dieu, mon unique bien, vous êtes tout pour moi, que je sois tout pour vous.

RESOLUTION. — Redoubler d'amour pour le Cœur de Jésus.

16 janvier. — S. MARCEL, pape et martyr.

Le Cœur de Jésus est le roi des cœurs, non seulement parce qu'il est le plus aimant et le plus aimable, mais principalement parce qu'il est la source, le principe et la cause méritoire de l'amour divin et de la charité du prochain, qui se trouve dans tous les cœurs des hommes; c'est lui qui est venu répandre le feu sur la terre. Il est donc juste qu'il règne par amour sur tous les cœurs, puisque, sans lui, tous les cœurs des hommes seraient éternellement prirés de l'amour. (Le P. Nouet.)

PRIERE. — Mon Dieu, mon unique bien, vous êtes tout pour moi, que je sois tout pour vous.

RESOLUTION. — Soumettre notre cœur au Cœur de Jésus.

17 janvier. — SAINT ANTOINE, abbé.

Je crois, j'ai confiance que la France sera sauvée par le Sacré-Cœur et la Sainte Vierge. Montmartre et Lourdes sauveront la France. Une nation qui a deux manifestations du ciel ne peut pas périr. Mieux que cela, elle deviendra comme autrefois la Nation glorieuse.

(Léon XIII.)

PRIERE. — Mon Dieu, mon unique bien, vous êtes tout pour moi, que je sois tout pour vous.

RESOLUTION. — Unir dans notre culte le Sacré-Cœur et Notre-Dame de Lourdes.

18 janv. — CHAIRE DE St PIERRE à Rome

Etre chrétiens, c'est être imitateurs de J.-C.; ne prétendons pas de pouvoir y arriver par nos propres forces: tout ce qui est en nous y résiste; mais approchons-nous du Cœur Sacré de Jésus: qu'il anime le nôtre et détruise toutes nos répugnances O bon Jésus, qui avez souffert pour l'amour de moi tant d'opprobres et d'humiliations, imprimez-en puissamment l'estime et l'amour dans mon cœur, et faites-m'en désirer les pratiques.

(Fénelon.)

PRIERE. — Mon Dieu, mon unique bien, vous êtes tout pour moi, que je sois tout pour vous.

RESOLUTION. — Demander au Sacré-Cœur la grâce de l'imiter.

19 janvier. — SAINT CANUT, roi et martyr.

Notre Dieu se plaît à s'abaisser jusqu'à traiter avec vous. Il est si occupé de vos intérêts qu'il semble ne conserver sa providence que pour vous secourir, sa toute-puissance que pour vous aider. Découvrez-lui donc tout votre intérieur et priez-le de vous guider pour accomplir parfaitement sa volonté. Que tous vos désirs, tous vos desseins n'aient d'autre but que de découvrir son bon plaisir et de satisfaire son Cœur.

(S. ALPHONSE DE LIGUORI.)

PRIERE. — Mon Dieu, mon unique bien, vous êtes tout pour moi, que je sois tout pour vous.

RESOLUTION. — Confier tous nos desseins au Cœur de Jésus.

20 janvier. — Les SS. SEBASTIEN et FABIEN, martyrs.

Quand il vous arrive quelque chose de fâcheux, offrez aussitôt votre peine au Seigneur, vous conformant à sa sainte volonté; accoutumez-vous à répéter toujours ces paroles dans les contrariétés : Dieu le veut ainsi je le veux aussi. Les actes de résignation sont des actes d'amour que Dieu aime le plus et qui plaisent le plus à son Cœur.

(S. ALPHONSE DE LIGUORI.)

PRIERE. — Mon Dieu, mon unique bien, vous êtes tout pour moi, que je sois tout pour vous.

RESOLUTION. — Nous conformer à la volonté de Dieu.

21 janvier. — SAINTE AGNÈS, vierge et martyre. — Mort de Louis XVI.

Vous voyez, ô mon Dieu toutes les plaies qui déchirent mon cœur et la profondeur de l'abîme dans lequel je suis tombé... Je n'aurai pas la témérité de me justifier devant vous. Mes fautes sont le fruit de ma faiblesse et semblent dignes de votre grande miséricorde. O Jésus, c'est dans votre Cœur adorable que je dépose en ce moment les effusions de mon âme affligée. Ouvrez-vous, Cœur adorable, et recevez avec bonté les vœux satisfactoires que la confiance m'inspire.

(VŒU DE LOUIS XVI.)

PRIERE. — Mon Dieu, mon unique bien, vous êtes tout pour moi, que je sois tout pour vous.

RESOLUTION. — Nous consacrer au Sacré-Cœur.

22 janvier. — S. VINCENT, diacre, martyr.

D'où vient le courage du saint martyr? Il vient de ce que, se répandant tout entier par une affectueuse dévotion dans les plaies de J.-C., il y demeure et s'y renferme par une méditation continuelle. Où est donc alors l'âme du martyr? Ah! ne craignez point, elle est en lieu sûr, elle est dans la pierre, elle est dans le Cœur même de Jésus; elle y est entrée par ses plaies adorables.

(S. BONAVENTURE.)

PRIERE. — Mon Dieu, mon unique bien, vous êtes tout pour moi, que je sois tout pour vous.

RESOLUTION. — Chercher notre force dans le Sacré-Cœur.

23 janv. — S.RAYMOND DE PENNAFORT, confesseur.

Ayez soin d'offrir vos bonnes œuvres au Cœur de J.-C., afin qu'il les purifie et les perfectionne ; car ce Cœur plein d'amour se plaît à cela, et il est toujours prêt à perfectionner en vous d'une manière excellente ce qu'il y a d'imparfait. Père céleste. je vous offre l'amour embrasé du Cœur de Jésus, pour suppléer à l'aridité et à la froideur de mon chétif cœur. Que cet aimable Cœur soit à ma mort mon salut et ma consolation, et, après ma mort, le lieu de mon séjour éternel.

(LOUIS DE BLOIS.)

PRIERE. — Mon Dieu. mon unique bien, vous êtes tout pour moi. que je sois tout pour vous.

RESOLUTION.— Offrir nos actions au Sacré Cœur pour qu'il les corrige et les perfectionne.

24 janvier. — SAINT TIMOTHÉE, évêque d'Ephèse et martyr.

Qu'à jamais soit béni celui qui a souffert que ses pieds et ses mains fussent percés ainsi que son divin Cœur, afin que je puisse me cacher dans le creux de ce rocher.

Entrez-y et cachez-vous dans les plaies de Jésus crucifié afin d'éviter les regards courroucés de votre Maître.

Fuyez d'un Dieu courroucé à un Dieu blessé pour votre amour. du Juge au Rédempteur, du tribunal à la Croix. (L'ABBÉ GUERRIC.)

PRIERE. — Mon Dieu, mon unique bien, vous êtes tout pour moi. que je sois tout pour vous.

RESOLUTION. — Baiser avec amour les plaies de Jésus crucifié.

25 janv. — LA CONVERSION DE S. PAUL

Lorsque saint Paul disait : « Moi Paul, enchaîné de J.-C. », il se réjouissait d'être attaché au Seigneur par des liens d'amour. Ah ! c'est que, selon la remarque de saint Jean Chrysostome, lorsque Paul alla à Damas pour enchaîner les chrétiens, il fut lui-même saisi par le Seigneur: Jésus mit la main sur lui, le renversa et le força de dire : « Seigneur, que voulez-vous que je fasse ? » C'est ainsi que lié par ces fortes chaînes, Paul s'écrie: « Qui me séparera de la charité du Cœur de Jésus ! »

PRIERE. — Mon Dieu, mon unique bien, vous êtes tout pour moi, que je sois tout pour vous.

RESOLUTION. — Nous laisser enchaîner par l'amour de Jésus.

26 janvier. — SAINT POLYCARPE,
évêque de Smyrne et martyr.

Le missionnaire est par-dessus tout l'homme de la charité: son cœur, comme le Cœur de J.-C., dont il est le représentant, doit être plein d'une charité surabondante, je dirai presque excessive. Cette charité doit rayonner sur son front et dans tous ses traits animer toutes ses paroles, toutes ses actions. Elle doit communiquer à ses discours cette onction qui pénètre les cœurs, ce feu qui les embrase, ces accents pathétiques qui les enlèvent et les subjuguent. (R. P. Muard.)

PRIERE. — Mon Dieu, mon unique bien, vous êtes tout pour moi, que je sois tout pour vous.

RESOLUTION. — Etablir dans notre cœur la charité du Christ.

27 janv. — SAINT JEAN CHRYSOSTOME, évêque, confesseur et docteur.

Pour faire plaisir aux Juifs, les soldats ouvrirent le côté de Jésus d'un coup de lance. Par là fut consommé un de nos plus beaux mystères : de cette plaie qui alla jusqu'au Cœur de Jésus *sortirent du sang et de l'eau.* Ce n'est pas par hasard que ces sources divines jaillirent du Cœur de Jésus. Car c'est dans ces deux sources que l'Eglise a pris naissance. (S. JEAN CHRYSOSTOME.)

PRIERE. — Mon Dieu, mon unique bien, vous êtes tout pour moi, que je sois tout pour vous.

RESOLUTION. — Baiser avec amour la plaie du Cœur de Jésus.

28 janv. — Ste AGNES (2), vierge et martyre

Doux Jésus, quand donc nous ouvrirez-vous votre Cœur? Quand donc le genre humain pourra-t-il y lire le secret de ses destinées, et, soumis à votre action, marchant dans la lumière et dans l'amour donner à la terre une image et l'harmonie des cieux? O cieux, abaissez-vous! Nuées, donnez-nous votre rosée! Terre, terre, écoute, ouvre ton cœur! Dans cette coupe où, si longtemps, tu as bu le vin des passions qui agite et qui trouble, tu peux boire enfin le seul breuvage qui désaltère, celui de la justice et de la paix.

(Mgr BAUDRY.)

PRIERE. — Mon Dieu, mon unique bien, vous êtes tout pour moi, que je sois tout pour vous.

RESOLUTION. — Puiser la paix dans le Cœur de Jésus.

29 janv. — SAINT FRANÇOIS DE SALES,
évêque, confesseur et docteur.

J'espère que vous serez dans la caverne de la tourterelle et au côté percé de notre cher Sauveur. Je veux bien m'essayer d'y être souvent avec vous. Dieu, par sa souveraine bonté, nous en fasse la grâce!... Que le Seigneur est bon! Que son Cœur est aimable! Demeurons là en ce saint domicile. Que ce Cœur vive toujours dans nos cœurs; que ce sang bouillonne toujours dans les veines de nos âmes!

(S. François de Sales.)

PRIERE. — Mon Dieu, mon unique bien, vous êtes tout pour moi, que je sois tout pour vous.

RESOLUTION. — Nous cacher dans le Sacré-Cœur.

30 janv. — Ste MARTINE, vierge et martyre.

Vivez dans un amoureux abandon aux soins de la Providence; bannissez toutes les réflexions d'amour-propre sur vous-même, pour vous entretenir simplement avec le Cœur de Jésus-Christ. Agissez et souffrez en silence. Tenez toujours votre âme en paix. En quelque disposition que Dieu vous mette, ne vous troublez de rien, mais laissez-le faire, en vous unissant à toutes ses saintes intentions. (La Bienheureuse Marguerite-Marie.)

PRIERE. — Mon Dieu, mon unique bien, vous êtes tout pour moi, que je sois tout pour vous.

RESOLUTION. — Nous abandonner à la conduite de N.-S. J.-C.

31 janvier.— S. PIERRE NOLASQUE, conf.

O Cœur de Jésus ! O sanctuaire d'amour ! Plénitude de laquelle nous avons tout reçu, Cœur dans lequel nous devons tous aller puiser, c'est en toi que s'est formé le dessein de notre salut comme le dessein admirable et divin de demeurer avec nous jusqu'à la fin des siècles : c'est là que devaient s'épuiser au sacrement de l'Eucharistie la puissance, la sagesse et la bonté de Celui qui est le principe et le terme de notre amour. (MARIE-EUSTELLE.)

PRIERE. — Mon Dieu, mon unique bien, vous êtes tout pour moi, que je sois tout pour vous.

RESOLUTION. — Aller puiser dans le Sacré-Cœur la grâce qui nous sera la plus nécessaire aujourd'hui.

MOIS DE FÉVRIER

1er février. — SAINT IGNACE, martyr.

Depuis que mon amour crucifié a scellé mon cœur de son nom, je ne vis plus, mais J.-C. vit en moi. Je suis prêt à aller à la mort pour Jésus. Mais en mourant, je ne mourrai pas, parce que J.-C. est ma vie, et la mort m'est un gain. Je suis le froment de Dieu : que je sois moulu par la dent des bêtes, afin que je devienne le pain immaculé de Dieu... Flattez les bêtes, afin qu'elles deviennent mon sépulcre et qu'elles ne laissent rien de moi. Que seulement je gagne J.-C.

(S. IGNACE.)

PRIERE. — Mon Dieu, mon unique bien, vous êtes tout pour moi, que je sois tout pour vous.

RESOLUTION. — Regarder la mort comme un gain.

2 février. — PURIFICATION DE MARIE, PRÉSENTATION DE JÉSUS.

Combien le sacrifice de Jésus dut être agréable au Cœur de Dieu, puisque c'était l'Enfant-Jésus qui, par Marie, offrait à son Père céleste son très saint Cœur en sacrifice: il le lui présentait pour honorer la Majesté suprême et apaiser son courroux. Il le lui présentait publiquement dans son temple et le lui consacrait. Oh! qui jamais pourra concevoir un sacrifice plus agréable au Saint des Saints? (LE P. GINTHER.)

PRIERE. — Mon Dieu, mon unique bien, vous êtes tout pour moi, que je sois tout pour vous.

RESOLUTION. — Offrir à Dieu le Cœur de Jésus comme notre victime.

3 février. — S. BLAISE, évêque et martyr.

Pour arriver à la plénitude de la connaissance pratique de N.-S., lisons habituellement dans son divin Cœur: ce livre nous est toujours ouvert. N'y lirons-nous donc jamais ces paroles si consolantes: « Je vous ai aimés d'un amour éternel. » Cela étant, qu'y a-t-il que nous ne puissions avec justice nous flatter d'espérer? Cette manière de penser serait capable d'attirer toutes les grâces de Dieu sur nous, quand, par impossible, Il aurait l'intention de nous les refuser, ce que nous ne pourrions supposer.

PRIERE. — Mon Dieu, mon unique bien, vous êtes tout pour moi, que je sois tout pour vous.

RESOLUTION. — Considérer souvent l'amour de Jésus pour nous.

4 févr. — Ste JEANNE DE VALOIS. veuve.

Ils ont percé non seulement ses mains, mais ses pieds et son côté, et jusqu'à son Cœur. Votre Cœur, ô doux Jésus, a été ainsi blessé, afin que nous puissions y faire notre demeure... Comment pouvait-il nous montrer mieux l'ardeur de son amour, qu'en voulant que non seulement son corps, mais son Cœur même fût blessé par la lance... Qui pourrait ne pas aimer un Cœur qui a tant reçu de blessures ?

(S. Bernard.)

PRIERE. — Mon Dieu, mon unique bien, vous êtes tout pour moi, que je sois tout pour vous.

RESOLUTION. — Remercier Jésus de son amour pour nous.

5 février. — Ste AGATHE, vierge et martyre.

L'objet de la dévotion au Sacré-Cœur est d'abord ce Cœur de chair qui fut uni substantiellement à la divinité du Verbe, et en même temps et surtout, ce Cœur moral dont le premier n'était que le symbole : Cœur de chair, la plus parfaite créature sortie des mains de Dieu, devenu le Cœur de Dieu même par son union substantielle avec la personnalité de son Fils ; Cœur moral, abîme de grandeur et d'anéantissement, dans lequel il nous est doux d'adorer et d'aimer Jésus, avec sa double nature d'Homme-Dieu. (Mgr PAVY.)

PRIERE. — Mon Dieu, mon unique bien, vous êtes tout pour moi, que je sois tout pour vous.

RESOLUTION. — Nous pénétrer de l'excellence de la dévotion au Sacré-Cœur.

6 février. — S. TITE, évêque et confesseur.

Combien les âmes fidèles doivent éprouver le besoin de se grouper près du Cœur de Jésus. La piété est belle toujours, mais il me semble qu'elle est plus admirable encore quand elle est pratiquée dans les épreuves et les adversités. Soyons généreux. Acceptation franche de toutes les épreuves, fidélité à tous les exercices spirituels, repos et abandon entre les bras de N.-S., voilà de saintes résolutions à déposer dans son Cœur.

PRIERE. — Mon Dieu, mon unique bien, vous êtes tout pour moi, que je sois tout pour vous.

RESOLUTION. — Nous abandonner entre les bras de Jésus.

7 février. — SAINT ROMUALD, abbé.

Rempli d'amour pour le Cœur de Jésus, il embrassa la pauvreté religieuse à l'âge de vingt ans, et vécut dans toutes les austérités de la profession monastique. Souvent il était tellement plongé dans la contemplation des beautés du Cœur de Jésus et embrasé des feux de son amour, qu'il était contraint de s'écrier en fondant en larmes: « O Cœur sacré de mon Jésus! ô le doux miel de ma bouche, le désir ineffable de mon cœur, les délices des saints, la suavité des anges ! » et autres semblables paroles, qui étaient comme autant de flammes qui s'échappaient de son cœur.

PRIERE. — Mon Dieu, mon unique bien, vous êtes tout pour moi, que je sois tout pour vous.

RESOLUTION. — Contempler les richesses du Sacré-Cœur.

8 février. — LE TRES SAINT-CŒUR DE MARIE

Le coup de lance, qui, après la mort de Jésus, transperça son divin Cœur, ne pouvait plus lui faire éprouver aucune douleur : mais un autre Cœur battait encore au pied de la croix, et ce Cœur qui ne vivait que de son amour, devait ressentir toute la douleur qu'il ne pouvait plus éprouver lui-même. Marie n'avait pas quitté sa place auprès de l'autel du sacrifice. Son divin Fils avait cessé de vivre, mais elle veillait sur son Cœur sacré privé de vie.

PRIERE. — Mon Dieu, mon unique bien, vous êtes tout pour moi, que je sois tout pour vous.

RESOLUTION. — Compatir à la douleur de Marie.

9 février. — S. CYRILLE, év. d'Alexandrie, confesseur et docteur.

Souffrez que je vous parle, ô Cœur très aimant de mon Jésus. Je voudrais vous procurer autant d'honneur que vous en procurez au Père éternel, au Saint-Sacrement. Je sais que sur cet autel vous m'aimez du même amour que vous m'aimiez lorsque vous avez sacrifié votre vie divine sur la croix. Eclairez, ô divin Cœur! ceux qui ne vous connaissent pas, afin qu'ils vous connaissent et vous aiment. (S. ALPHONSE DE LIGUORI.)

PRIERE. — Mon Dieu, mon unique bien, vous êtes tout pour moi, que je sois tout pour vous.

RESOLUTION. — Honorer Jésus au Saint-Sacrement.

10 février. — Ste SCHOLASTIQUE, vierge.

C'est pour nous unir étroitement à son Cœur que Jésus désire demeurer en nous. Ce désir du Sauveur est égal à la charité qui l'a réduit à s'anéantir pour nous donner un nouvel être... Il n'est ni d'un jour ni de quelques années, il dure encore dans son Sacré-Cœur: et de peur d'en attendre trop longtemps l'accomplissement parfait dans le ciel, il se rend présent sur la terre sous les voiles de l'Eucharistie, afin que, nous servant de pain, il vive en nous dans le temps comme il vivra dans l'éternité...

(LE P. GUIDÉE.)

PRIERE. — Mon Dieu, mon unique bien, vous êtes tout pour moi, que je sois tout pour vous.

RESOLUTION. — Vivre uni à Jésus.

11 fév. — L'APPARITION DE LA VIERGE IMMACULÉE A LOURDES.

O Vierge pure et sans tache! Vous êtes la Reine de la terre et des cieux, l'espérance de ceux qui sont sans espoir; vous êtes cette tige de Jessé sur laquelle est née la plus belle fleur, Jésus votre Fils. Ce Fils est Dieu et Homme, et vous qui êtes sa Mère, vous étiez vierge avant son enfantement, vous avez été vierge pendant l'enfantement, et vous êtes demeurée vierge après votre enfantement.

(S. Ephrem.)

PRIERE. — Mon Dieu, mon unique bien, vous êtes tout pour moi, que je sois tout pour vous.

RESOLUTION. — Honorer N.-D. de Lourdes.

12 fév. — Ste EULALIE, vierge et martyre.

Dieu hait souverainement le péché, mais il semble que l'amour qu'il a pour nous ait surpassé la haine qu'il lui porte, puisqu'il a mieux aimé permettre tant de sacrilèges qui se commettent envers le sacrement de l'Eucharistie que de priver de cette divine nourriture les âmes qui l'aiment ; tout cela ne suffira-t-il pas pour nous faire aimer un Cœur qui nous a tant aimés. (S. Alphonse de Liguori.)

PRIERE. — Mon Dieu, mon unique bien, vous êtes tout pour moi, que je sois tout pour vous.

RESOLUTION. — Exciter notre ferveur dans nos visites au Saint-Sacrement.

13 février. — S. POLYEUCTE, martyr.

Ah ! Cœur amoureux et fidèle de Jésus, enflammez mon misérable cœur, afin qu'il brûle pour vous comme vous brûlez pour moi. Mon Jésus, il me semble qu'à présent je vous aime, mais je ne vous aime point assez. Faites que je vous aime beaucoup et que je vous sois fidèle jusqu'à la mort. Je vous demande cette grâce. Otez-moi la vie plutôt que de permettre que je vous trahisse encore. (S. Alphonse de Liguori.)

PRIERE. — Mon Dieu, mon unique bien, vous êtes tout pour moi, que je sois tout pour vous.

RESOLUTION. — Croître dans l'amour de Jésus.

14 février. — SAINT VALENTIN, martyr.

Oh ! combien est fidèle le Cœur de Jésus. La fidélité de Dieu est pour nous un motif de tout espérer malgré notre indignité. Si nous avons chassé Dieu de notre cœur, ouvrons-lui-en la porte, et à l'instant il y rentrera. Il conversera avec nous et nous fera asseoir à sa table. Si nous sommes avides de grâces, demandons-les à Dieu au nom de J.-C. et nous les obtiendrons.

PRIERE. — Mon Dieu, mon unique bien, vous êtes tout pour moi, que je sois tout pour vous.

RESOLUTION. — Tout attendre du Cœur de Jésus.

15 fév. — LES SS. FAUSTIN ET JOVITE, martyrs. — Mort du V. P. de la Colombière.

« Fidèle serviteur de mon divin Fils, dit un jour Marie au P. de la Colombière, vous avez grande part au précieux trésor du Cœur de Jésus ; car s'il est donné aux filles de la Visitation de le faire connaître, aimer et le distribuer aux autres, il est réservé aux Pères et la Compagnie de Jésus d'en faire voir et connaître la valeur ; à mesure qu'ils lui feront ce plaisir, ce divin Cœur, source féconde de grâces, les versera si abondamment sur les fonctions de leur ministère qu'ils produiront des fruits au delà de leurs espérances et même pour le salut et la perfection de chacun d'eux en particulier. »

PRIERE. — Mon Dieu, mon unique bien, vous êtes tout pour moi, que je sois tout pour vous.

RESOLUTION. — Féliciter le Père de la Colombière de son privilège.

16 février. — S. ONESIME, év. et martyr.

Ne vous inquiétez point tant de vos faiblesses. Allez toujours vous confiant en Jésus. Tremblez en vous voyant, mais réjouissez-vous en le considérant : mais ne perdez jamais la paix. Que ne devez-vous point faire pour réjouir ce Père qui pense tant à vous dans le fond de son Cœur, dont la joie ou l'amertume dépend de celle de votre âme.

(M. OLIER.)

PRIERE. — Mon Dieu, mon unique bien, vous êtes tout pour moi, que je sois tout pour vous.

RESOLUTION. — Ne pas nous décourager à la vue de nos fautes.

17 février. — LA FUITE EN EGYPTE

Partout où entre Jésus, il y entre avec sa croix. « Levez vous, dit l'ange à S. Joseph : hâtez-vous de prendre l'Enfant et sa Mère et fuyez en Egypte. » Etrange état d'un pauvre artisan qui se voit banni tout à coup et pourquoi ? Parce qu'il est chargé de Jésus...

Cependant Joseph demeure soumis ; il part, il
va en Egypte, sans savoir quand il reviendra. L'on n'a pas Jésus pour rien : il faut
prendre part à ses croix. (BOSSUET.)

PRIERE. — Mon Dieu, mon unique bien, vous
êtes tout pour moi, que je sois tout pour vous.

RESOLUTION. — Accepter la croix avec
soumission.

18 février. — S. SIMON, évêque et martyr.

La vraie manière de prier des âmes fidèles
est la foi nue. C'est l'oraison de pur amour
et de vrai désintéressement qui bannit tout
amour-propre, qui fait croître la solide vertu
de l'esprit de Jésus et de Marie en nous. Cependant, il n'en faut pas moins estimer la
conduite de Jésus sur les âmes qu'il gouverne
par des voies sensibles. Il y a des âmes tendres et chères à son Cœur, avec qui il prend
ainsi, quelquefois, ses délices. (M. OLIER.)

PRIERE. — Mon Dieu, mon unique bien, vous
êtes tout pour moi, que je sois tout pour vous.

RESOLUTION. — Accepter les sécheresses
ou les consolations.

19 février. — S. MANSUET, év. et confess.

O mon bien-aimé Jésus ! voici à vos pieds
un ingrat. Ce qui me console et m'encourage
c'est que j'ai affaire à un Cœur d'une bonté
et d'une miséricorde infinies, qui promet d'oublier toutes les offenses du pécheur qui se
repent et qui aime. Mon Jésus ! par le passé,
je vous ai offensé, mais à présent je vous

aime par-dessus toutes choses. Dites-moi ce que vous voulez de moi. Liez-moi, attachez-moi étroitement à votre Cœur.

(S. Alphonse de Liguori.)

PRIERE. — Mon Dieu, mon unique bien, vous êtes tout pour moi, que je sois tout pour vous.

RESOLUTION. — Eviter le péché.

20 février. — SAINT EUCHER, év. et conf.
Création de Léon XIII.

Ce fut un dessein miséricordieux de mettre sous les yeux de l'homme orgueilleux, détracteur de toute autorité, avide sans mesure des jouissances sensuelles, un Cœur divin uniquement animé du sentiment de l'humilité la plus profonde, doué d'une mansuétude inaltérable, d'une obéissance parfaite, d'un détachement sans exemple. (Léon XIII.)

PRIERE. — Mon Dieu, mon unique bien, vous êtes tout pour moi, que je sois tout pour vous.

RESOLUTION. — Prier le Sacré-Cœur pour notre Saint Père le Pape.

21 février. — SAINT PROJET, év. et conf.

Mon Dieu, vous êtes ensemble doux et humble de Cœur parce que l'humilité est la source de la véritable douceur. L'orgueil est toujours hautain, prêt à s'aigrir. Celui qui se méprise de bonne foi veut bien être méprisé. Celui qui croit que rien ne lui est dû, ne se croit jamais maltraité. Il n'y a point de douceur véritablement vertueuse par tempérament : ce n'est que mollesse ou artifice.

Pour être doux aux autres il faut renoncer à soi-même. (FÉNELON.)

PRIERE. — Mon Dieu, mon unique bien, vous êtes tout pour moi, que je sois tout pour vous.

RESOLUTION. — Accepter le mépris.

22 février. — La CHAIRE DE S. PIERRE A ANTIOCHE.

Allez au Cœur de Jésus avec une confiance inébranlable, une confiance sans réserve, une confiance sans mesure. La mesure de la confiance est qu'elle soit sans mesure, disait saint François de Sales. Vous n'en êtes pas dignes, mais vous n'en êtes pas indignes, maintenant que le sang rédempteur a blanchi votre conscience, maintenant que vous avez entendu la parole de l'absolution : Allez en paix ! Si votre passé vous inquiète, jetez-le dans le Cœur de Jésus. (Mgr MERMILLOD.)

PRIERE. — Mon Dieu, mon unique bien, vous êtes tout pour moi, que je sois tout pour vous.

RESOLUTION. — Avoir une confiance iné-branlable dans le Sacré-Cœur.

23 février. — SAINT PIERRE DAMIEN, évêque, confesseur et docteur.

C'est dans cet adorable Cœur que nous trouvons toutes les armes propres pour notre défense, tous les remèdes pour la guérison de nos maux, les secours les plus puissants contre les assauts de nos ennemis les consolations les plus douces pour soulager nos souffrances, les plus pures délices pour combler notre âme de joie. (S. PIERRE DAMIEN.)

PRIERE. — Mon Dieu, mon unique bien, vous êtes tout pour moi, que je sois tout pour vous.

RESOLUTION. — Recourir au Sacré-Cœur dans nos peines.

24 février. — SAINT MATHIAS, apôtre.

L'amour divin, l'amour m'enflamme !
Que puis-je désirer de plus ?
Le ciel n'est-il pas dans mon âme,
Quand j'ai le Cœur de mon Jésus ?
Lorsque mon Cœur ému palpite,
Je sens, à ses vastes désirs
Que cette terre est trop petite
Avec ses biens et ses plaisirs.

(LE P. ETCHEVERRY, S. J.)

PRIERE. — Mon Dieu, mon unique bien, vous êtes tout pour moi, que je sois tout pour vous.

RESOLUTION. — Soupirer après le bonheur du ciel.

25 février. — SAINTE VALBURGE, vierge.

L'amitié fidèle et sûre, vous la trouverez dans un Cœur noble, bon et généreux qui saura vous comprendre toujours et ne vous trahira jamais. Ce Cœur sacré et divin de notre Maître et Sauveur Jésus, ce Cœur dont le sang rédempteur s'est versé sur nos blessures, ce Cœur adorable ouvert à toutes nos souffrances ne nous appelle-t-il pas, du fond du Tabernacle, par sa suave invitation : « Venez à moi vous tous, les fatigués et les blessés de la vie. » (Mgr MERMILLOD.)

PRIERE. — Mon Dieu, mon unique bien, vous êtes tout pour moi, que je sois tout pour vous.

RESOLUTION. — Chercher notre consolation dans le Sacré-Cœur.

26 février. — SAINT NESTOR, év. et mart.

Jésus, mon Dieu, dans le dessein de rendre tous les hommages que je puis à votre Sacré Cœur je consacre à ce divin Cœur tout ce que j'ai et tout ce que je suis : mon corps et mon âme, ma mémoire et mon entendement, mon cœur et toutes ses affections, toutes mes peines et mes souffrances, toutes mes consolations et mes bonnes œuvres, tous mes mérites présents et à venir, pour le temps et pour l'éternité. (LE P. DE RAVIGNAN.)

PRIERE. — Mon Dieu, mon unique bien, vous êtes tout pour moi, que je sois tout pour vous.

RESOLUTION. — Renouveler notre consécration au Cœur de Jésus.

27 février. — SAINT GALMIER, sous-diacre

Unissez-vous au Sacré-Cœur en tout ce que vous ferez : référez tout à sa gloire, établissez-y votre demeure et vous y trouverez une paix inaltérable et la force d'effectuer tous les bons désirs qu'il vous donne, et de ne point faire de fautes volontaires. Portez-y toutes vos peines et amertumes : car tout ce qui vient de ce Sacré-Cœur est doux et il change tout en amour.

(LA B. MARGUERITE-MARIE.)

PRIERE. — Mon Dieu, mon unique bien, vous êtes tout pour moi, que je sois tout pour vous.

RESOLUTION. — Nous unir au Cœur de Jésus dans toutes nos actions.

28 février. — **SAINT ROMAIN**, moine.

O mon Dieu, faites que je vous sente toujours près de moi : la solitude causée par votre absence me fait trop souffrir; je veux toujours poser mon cœur sur votre Cœur; entraînez-moi où vous voudrez; faites-moi marcher, si c'est votre désir dans les voies les plus pénibles pour la nature; j'y consens, pourvu que je vive avec vous; une seule chose me fait horreur, et je la repousse; c'est de vivre dans votre inimitié. (SYLVIO PELLICO.)

PRIERE. — Mon Dieu, mon unique bien, vous êtes tout pour moi, que je sois tout pour vous.

RESOLUTION. — Penser souvent au Sacré-Cœur de Jésus.

29 février. — (Pour les années bissextiles.)

Plus un objet créé contribue à la gloire du Créateur, plus il devient cher à Dieu et vénérable aux hommes; d'où il suit avec évidence que le Cœur de Jésus est le plus digne et des complaisances de Dieu, et des honneurs des anges et des hommes, puisqu'il est certain que, parmi les créatures. il n'en est aucune qui ait plus contribué à la gloire de Dieu, et qui doive y contribuer davantage durant toute l'éternité, une seule affection de ce Sacré-Cœur rendant plus d'honneur à Dieu que ne peuvent lui en procurer tous les saints ensemble.

PRIERE. — Mon Dieu, mon unique bien, vous êtes tout pour moi, que je sois tout pour vous.

RESOLUTION. — Nous unir aux hommages rendus à Dieu par le Sacré-Cœur.

MOIS DE MARS
MOIS DE SAINT-JOSEPH

1er mars. — SAINT AUBIN, év. et conf.

Le Sauveur a ouvert son Cœur à l'âme religieuse afin qu'elle pût y trouver une retraite. O homme, il t'a donné son Cœur sur la Croix et c'est pour cela que son côté a été ouvert. Frères bien-aimés, répandons sur notre autel d'or, sur le Cœur de Jésus, l'eau de nos larmes, les pleurs d'une tendre dévotion, et méditons sur les sublimes inventions de son amour. Répandons sur notre autel d'airain, sur le corps déchiré du Sauveur, les larmes d'une sincère compassion.

(St Antoine de Padoue.)

PRIERE. — Mon Dieu, mon unique bien, vous êtes tout pour moi, que je sois tout pour vous.

RESOLUTION. — Chercher une retraite dans le Sacré-Cœur.

2 mars. — LE B. HENRI SUZO, O. P.
Naissance de Léon XIII.

Voici qu'aujourd'hui est offert à nos regards un autre signe de salut, signe tout divin en la suprême espérance. C'est le Cœur sacré de Jésus surmonté de la croix et brillant d'un magnifique éclat au milieu des flammes. En lui il faut placer toutes nos espérances ; de lui, il faut solliciter et attendre le salut des hommes. (Léon XIII.)

PRIERE. — Mon Dieu, mon unique bien, vous êtes tout pour moi, que je sois tout pour vous.

RESOLUTION. — Placer notre espérance dans le Sacré-Cœur.

3 mars. — SAINTE CUNÉGONDE, veuve.

Couronnement de Léon XIII.

Nous désirons de toute notre âme que la dévotion véritable au Sacré-Cœur de Jésus se propage et se répande largement sur la terre. Sachant combien elle est salutaire et profitable aux âmes, nous nourrissons la douce et certaine espérance que de grands biens découleront de ce Cœur et seront un remède efficace aux maux qui affligent le monde.

(LÉON XIII.)

PRIERE. — Mon Dieu, mon unique bien, vous êtes tout pour moi, que je sois tout pour vous.

RESOLUTION. — Demander au Sacré-Cœur le salut du monde. .

4 mars. — SAINT CASIMIR, confesseur.

Nous sommes redevables au Cœur de Jésus de toutes les grâces que nous avons reçues : de la rédemption, de la vocation à la foi, des lumières, du pardon, des secours pour résister aux tentations, de la patience dans l'adversité : et si par le passé, dit le Seigneur, vous n'avez pas reçu plus de grâces, ne vous en prenez point à moi, mais prenez-vous-en à vous-mêmes qui avez négligé de me les demander. Allons donc toujours à ce Sacré-Cœur, demandons avec confiance et nous obtiendrons tout. (S. ALPHONSE DE LIGUORI.)

PRIERE. — Mon Dieu, mon unique bien, vous êtes tout pour moi, que je sois tout pour vous.

RESOLUTION. — Remercier le Sacré-Cœur des grâces dont il nous a comblés.

5 mars. — SAINTE ADRIENNE

Que Jésus est donc bon pour nous dans la sainte Eucharistie! Par là il nous permet de nous approcher de lui. Mes enfants, disait le curé d'Ars, quand le bon Dieu, du fond de son Tabernacle, vous voit venir à lui, il penche son Cœur bien bas, vers sa petite créature, comme un père qui s'incline pour écouter son petit enfant qui parle. Il entr'ouvre ses bras pour nous y appeler et nous presser contre son Cœur.

PRIERE. — Mon Dieu, mon unique bien, vous êtes tout pour moi, que je sois tout pour vous.

RESOLUTION. — Visiter Jésus dans l'Eucharistie.

6 mars. — SAINTE COLETTE, vierge.

Jésus se donne à nous dans la communion avec un amour immense.. Comment va-t-on à lui? Avec quel dégoût! Il a fallu, pour y résoudre les fidèles, le leur commander sous peine de damnation. Et encore, combien n'y en a-t-il pas qui le font sacrilègement et qui n'ont pas horreur de donner à J.-C. un baiser qui renouvelle le crime du traître Judas?

(LE P. DE GALLIFET.)

PRIERE. — Mon Dieu, mon unique bien, vous êtes tout pour moi, que je sois tout pour vous.

RESOLUTION. — Bien communier.

7 mars. — SAINT THOMAS D'AQUIN,
confesseur et docteur.

Trois choses rendent témoignage sur la terre : l'esprit, l'eau et le sang : l'esprit qu'il rendit à son Père au sortir du corps, l'eau qui coula de son côté, et le sang qu'il a versé de son Cœur sont trois témoins d'un amour très ardent. Il a versé son sang de la plaie du Cœur afin d'échauffer et de vivifier ses disciples et plusieurs autres chrétiens faibles et tentés dans la foi et par conséquent froids et comme morts. (S. Thomas.)

PRIERE. — Mon Dieu, mon unique bien, vous êtes tout pour moi, que je sois tout pour vous.

RESOLUTION. — Réchauffer notre cœur contre celui de Jésus.

8 mars. — SAINT JEAN DE DIEU, conf.

A la communion, dilatez votre âme dans la possession du corps, de l'âme, du sang du Cœur sacré de Jésus. Portez la pensée de votre union avec N.-S. J.-C. dans tout ce que vous faites. Après la communion, épanchez votre âme dans le Cœur de N.-S. avec la même simplicité et les mêmes expressions de confiance que vous le feriez avec une personne dont vous espéreriez le plus de lumière et de secours

PRIERE. — Mon Dieu, mon unique bien, vous êtes tout pour moi, que je sois tout pour vous.

RESOLUTION. — Epancher notre âme dans le Cœur de Jésus à la communion.

9 mars. — Ste FRANÇ. ROMAINE, veuve.

Par la communion, Jésus entre en nous pour trouver un dédommagement aux ingratitudes dont son Cœur est déchiré dans le tabernacle. Là, il arrive comme un hôte bien-aimé, après lequel notre cœur soupire sans cesse, afin de le recevoir avec un enthousiasme qui trahit la vive affection de celui dont il honore la demeure. Il entre et il fait ses délices au milieu de ce cœur, son tabernacle et sa maison. (Mgr DE LA BOUILLERIE.)

PRIERE. — Mon Dieu, mon unique bien, vous êtes tout pour moi, que je sois tout pour vous.

RESOLUTION. — Communier aussi souvent que possible.

10 mars. — LES QUARANTE Sts MARTYRS

Cieux, soyez frappés d'étonnement. J.-C., le Fils unique de Dieu, ce Jésus qui a consacré tous les instants de la vie au salut des hommes, ce Jésus qui a fait sa demeure au milieu d'eux, le voilà à deux pas de leurs maisons ; et cependant il n'est pas aimé, il est oublié, outragé ! *obstupescite, cœli, super hoc !* O Jésus dont le Cœur, le plus tendre qui fut jamais, fut aussi le plus sensible à l'ingratitude, quel sujet de douleur pour vous !

PRIERE. — Mon Dieu, mon unique bien, vous êtes tout pour moi, que je sois tout pour vous.

RESOLUTION. — Visiter régulièrement le Saint-Sacrement.

11 mars. — SAINT VINDICIEN, év. et conf.

Nous espérons de la bonté de Dieu que nous ne nous faisons pas illusion en lui demandant que l'Eglise du Vœu national au Sacré-Cœur soit pour notre chère France le temple de la paix, selon le vœu exprimé par le vénérable cardinal Guibert, quand il en posait les fondations, et que les cœurs de tous les enfants de la France s'uniront dans une même pensée pour travailler à la prospérité de la Patrie. (LE CARDINAL RICHARD.)

PRIERE. — Mon Dieu, mon unique bien, vous êtes tout pour moi, que je sois tout pour vous.

RESOLUTION. — Prier pour la prospérité de la France.

12 mars. — SAINT GRÉGOIRE LE GRAND
pape, confesseur et docteur.

O ma colombe, cachée dans les trous de la pierre, dans la caverne de la muraille, montre-moi ton visage. Par les trous de la pierre, nous entendons les plaies des mains et des pieds de Jésus en croix : la caverne de la muraille est l'ouverture de son Cœur. La colombe y est justement représentée, parce que dans la méditation de la Croix elle imite la patience de J.-C. lorsque, pour son propre exemple, elle rappelle à sa mémoire les divines blessures. (S. GRÉGOIRE.)

PRIERE. — Mon Dieu, mon unique bien, vous êtes tout pour moi, que je sois tout pour vous.

RESOLUTION. — Nous réfugier dans le Cœur de Jésus.

13 mars. — SAINTE EUPHRASIE, vierge.

C'est dans le Sacré-Cœur que tous, patrons et ouvriers, riches et pauvres, doivent chercher la solution des problèmes sociaux. Hé ! qu'ai-je fait moi-même ? Mais mon Encyclique aux ouvriers est très simple : c'est l'Evangile. J'ai pris dans l'Evangile ces paroles qui sont tombées des lèvres et du Cœur de N.-S. J.-C., et je les ai appliquées aux questions que l'on agite en ce moment... Là est la vérité, là est la charité. (LÉON XIII.)

PRIERE. — Mon Dieu, mon unique bien, vous êtes tout pour moi, que je sois tout pour vous.

RESOLUTION. — Demander au Sacré-Cœur l'union entre les riches et les pauvres.

14 mars. — SAINTE MATHILDE, reine.

Fils dévoués de la France, nous irons pénitents et confiants implorer du Sacré-Cœur notre pardon, avec l'espérance d'entendre redire un jour à notre patrie les paroles tombées des lèvres de Jésus sur une illustre pénitente. Beaucoup de péchés lui ont été pardonnés parce qu'elle a beaucoup aimé.

(LE CARDINAL COULLIÉ.)

PRIERE. — Mon Dieu, mon unique bien, vous êtes tout pour moi, que je sois tout pour vous.

RESOLUTION. — Demander au Sacré-Cœur le salut de la France.

15 mars. — SAINT ZACHARIE, pape.

Oui, le divin Cœur de Jésus est un trésor inestimable, qui renferme en soi toutes les richesses merveilleuses qui sont au ciel et sur la terre, dans tous les Anges, dans tous les Saints, dans la Bienheureuse Vierge, dans la Divinité, dans la très sainte Trinité; car si S. Chrysostome dit que la très sacrée Vierge est un abîme des immenses perfections de la divinité, combien davantage cela est-il vrai du Cœur adorable de Jésus? (LE V. P. EUDES.)

PRIERE. — Mon Dieu, mon unique bien, vous êtes tout pour moi, que je sois tout pour vous.

RESOLUTION. — Glorifier le Sacré-Cœur.

16 mars. — SAINT HUGUES, abbé.

Lorsque je verrai commettre quelques défauts contre la charité, humilité et autres, j'offrirai au Père Eternel une vertu du Sacré-Cœur de Jésus opposée à cette faute, pour la réparer et pour que la personne défaillante s'en puisse amender et n'avoir jamais de vue sur les actions du prochain pour en mal juger. Dieu nous en fasse la grâce !

(LA B. MARGUERIE-MARIE.)

PRIERE. — Mon Dieu, mon unique bien, vous êtes tout pour moi, que je sois tout pour vous.

RESOLUTION. — Imiter la Bienheureuse dans de pareilles circonstances.

17 mars. — S. PATRICE, év. d'Irlande et conf.

Faites toutes vos actions à cette intention de plaire souverainement au Cœur de N.-S. J.-C. Laissez-lui le soin d'en faire l'application comme il lui plaira. Tâchez d'agir en tout et partout conformément à sa sainte volonté, humilité envers Dieu, douceur envers le prochain. Abandonnez-vous au soin du Cœur de Jésus-Christ pour ce qui touche vos pieuses satisfactions, soit pour les pénitences, mortifications et communions.

(La B. Marguerite-Marie.)

PRIERE. — Mon Dieu, mon unique bien, vous êtes tout pour moi, que je sois tout pour vous.

RESOLUTION. — Dans nos actions, nous unir au Cœur de Jésus.

18 mars. — SAINT GABRIEL, archange.

O mes enfants, que fait Notre-Seigneur dans le Saint-Sacrement de son amour? Il a pris son Cœur pour nous aimer: il sort de ce Cœur une transpiration de tendresse et de miséricorde pour laver les péchés du monde! Quand on a communié, l'âme se roule dans le baume de l'amour, comme l'abeille dans les fleurs! (Le V. Curé d'Ars.)

PRIERE. — Mon Dieu, mon unique bien, vous êtes tout pour moi, que je sois tout pour vous.

RESOLUTION. — Avoir une tendre dévotion pour la Sainte Eucharistie.

19 mars. — SAINT JOSEPH, époux de la Très Sainte Vierge.

Ce que nous devons envier à saint Joseph, c'est la pureté de ses habitudes qui le disposait à recevoir continuellement de Jésus de nouveaux accroissements de sainteté. Il recevait de Jésus la grâce de marcher toujours dans la voie de la perfection, et de s'y avancer jusqu'au degré le plus élevé; il recevait

du Cœur de Jésus le feu d'une charité pure
qui le lui faisait aimer toujours davantage.

PRIERE. — Mon Dieu, mon unique bien, vous
êtes tout pour moi, que je sois tout pour vous.

RESOLUTION. — Recourir à saint Joseph.

20 mars. — S. CYRILLE, év. de Jérusalem, confesseur et docteur.

Ah ! mon cher Jésus, si j'entre dans votre
Cœur désolé, je n'y trouve que des amertumes, des afflictions qui vous font souffrir les
angoisses de la mort. O mon doux Maître,
quel autre que vous pouvait en venir à souffrir les angoisses de la mort et à mourir
pour une misérable créature ? Mais parce que
vous êtes Dieu, vous aimez en Dieu, avec un
amour que nul autre amour ne peut égaler.
(S. Alphonse de Liguori.)

PRIERE. — Mon Dieu, mon unique bien, vous
êtes tout pour moi, que je sois tout pour vous.

RESOLUTION. — Suivre Jésus dans le chemin royal de la croix.

21 mars. — SAINT BENOIT, abbé.

Oui, j'aime la France et je veux travailler
de toutes mes forces à faire la France grande,
bien grande, la première de toutes les nations.
Je veux l'appuyer solidement sur le siège
apostolique qui communique tant de force et
de prestige. Je travaille à cela et je continue-
rai à y travailler... Que l'on ait confiance.
Pour vous, priez à Montmartre le Sacré-Cœur
de Jésus. (Léon XIII.)

PRIERE. — Mon Dieu, mon unique bien, vous êtes tout pour moi, que je sois tout pour vous.

RESOLUTION. — Demandez au Sacré-Cœur le salut de la France.

22 mars. — S. PAUL, év. de Narbonne, conf.

Quelles souffrances lorsqu'on posa la couronne d'épines sur le front de Jésus ! Quelle douleur, mais quelle honte dans ce supplice cruel ! Les soldats fléchissaient les genoux et lui crachaient au visage, en disant : « Je vous salue, Roi des Juifs. » Jésus, en silence, abaissait sur eux des regards pleins d'amour. Il se taisait, mais que ce silence est éloquent ! Comme son Cœur parlera au vôtre si vous commencez à comprendre ce langage du Cœur de Dieu ! (LE P. LEFEBVRE, S. J.)

PRIERE. — Mon Dieu, mon unique bien, vous êtes tout pour moi, que je sois tout pour vous.

RESOLUTION. — Adorer Jésus comme notre Roi.

23 mars. — S. TURIBE, arch. de Lima, conf.

Si j'avais plus de foi, si j'aimais mieux Jésus, si je connaissais mieux son Cœur, je ne pourrais plus le trahir jamais. Mais je me défie de moi. Seigneur, défiez-vous de moi ; car si vous n'y prenez garde, je vous trahirai. O Jésus, soyez mon protecteur et le lieu de mon refuge ; soyez-moi Jésus afin que je vous glorifie en vous restant fidèle.

(LE P. DE RAVIGNAN.)

PRIERE. — Mon Dieu, mon unique bien, vous êtes tout pour moi, que je sois tout pour vous.

RESOLUTION. — Veiller sur nous pour ne pas trahir Jésus.

24 mars. — SAINT AGAPIT, évêque.

O mon Sauveur, je vous adore dans l'état de victime où votre amour vous a réduit. Ces yeux éteints, ces lèvres livides, cette bouche desséchée, sans voix, sans paroles, cet auguste front couvert d'épines, ces pieds, ces mains percés de clous, ce côté ouvert pour me donner entrée dans votre Cœur, un Dieu sans mouvement et sans vie, ah ! tout en vous me prêche l'obligation où je suis de crucifier cette chair de péché.

PRIERE. — Mon Dieu, mon unique bien, vous êtes tout pour moi, que je sois tout pour vous.

RESOLUTION. — Pratiquer aujourd'hui une mortification.

25 mars. — L'ANNONCIATION DE LA B. VIERGE MARIE ET LE MYSTÈRE DE L'INCARNATION.

En entrant dans le monde, Jésus dit à son Père : « Vous n'avez pas voulu des victimes et des offrandes ; mais vous m'avez donné un corps... Alors j'ai dit : me voici. » Par cette parole, Jésus se met à la place de toutes les victimes anciennes et n'ayant rien dans sa divinité qui pût être immolé à Dieu, Dieu lui donne un corps accommodé à l'état de victime où il se met. Dès qu'il eut commencé ce grand acte, il ne le discontinua jamais et demeura, dès le sein de sa Mère, dans l'état de victime, abandonné aux ordres de Dieu.

(BOSSUET.)

PRIERE. — Mon Dieu, mon unique bien, vous êtes tout pour moi, que je sois tout pour vous.

RESOLUTION. — Faire un acte de dévouement en l'honneur du Sacré-Cœur.

26 mars. — SAINT RUPERT, évêque.

Les opprobres dont le Sauveur fut rassasié, les fouets qui déchirèrent sa chair innocente, les épines qui percèrent sa tête adorable, la croix où il expira, tout cela n'était que sa pénitence extérieure. Mais la douleur que lui causaient nos péchés était toute renfermée dans son Cœur: ce divin Cœur en était tout pénétré. Il y était plongé comme dans une vaste mer; il ressentait une agonie mortelle.

PRIERE. — Mon Dieu, mon unique bien, vous êtes tout pour moi, que je sois tout pour vous.

RESOLUTION. — Imiter la douleur intérieure de Jésus.

27 mars. — SAINT JEAN DAMASCÈNE, confesseur et docteur.

Le Fils de Dieu voyait de sa croix toutes les angoisses et désolations du Cœur de sa très sainte Mère. Il entendait ses soupirs, il voyait ses larmes et l'abandon dans lequel elle était et dans lequel elle demeurerait après sa mort; et tout cela était un nouveau tourment et un nouveau martyre pour le divin Cœur de Jésus. De sorte qu'il ne manquait ici aucune de toutes les choses qui pouvaient affliger et crucifier les très aimables Cœurs du Fils et de la Mère.

(LE V P. EUDES.)

PRIERE. — Mon Dieu, mon unique bien, vous êtes tout pour moi, que je sois tout pour vous.

RESOLUTION. — Compatir aux douleurs de Jésus et de Marie.

28 mars. — S. JEAN DE CAPISTRAN,
confesseur.

Pourquoi le nombre de ceux qui aiment Jésus est-il si petit ? C'est parce que le nombre de ceux qui méditent les peines qu'il a endurées pour nous est fort restreint ; celui qui les médite souvent ne peut vivre sans aimer Jésus. Il se sentira tellement pressé par son amour qu'il ne lui sera pas possible de se refuser à aimer un Dieu si aimable.

(S. ALPHONSE DE LIGUORI.)

PRIERE. — Mon Dieu, mon unique bien, vous êtes tout pour moi, que je sois tout pour vous.

RESOLUTION. — Méditer la passion de Notre-Seigneur Jésus-Christ.

29 mars. — SAINT CYRILLE, diacre.

Le Cœur de Jésus a souffert pour nous dans la passion de si vives douleurs qu'on peut dire avec vérité qu'il a souffert lui seul plus de rigueurs et de tourments que tout le reste du corps de Jésus n'en a souffert dans sa passion extérieure. Car il est certain que la passion intérieure de Jésus-Christ fut plus cruelle que l'extérieure. Or, cette passion intérieure fut toute pour le Cœur. C'est dans ce Cœur comme dans leur centre que toutes les afflictions de l'âme se réunirent.

(LE P. DE GALLIFET.)

PRIERE. — Mon Dieu, mon unique bien, vous êtes tout pour moi, que je sois tout pour vous.

RESOLUTION. — Considérer les douleurs intérieures du Cœur de Jésus, surtout son abandon de son Père.

30 mars. — SAINT PASTEUR, év. d'Orléans, confesseur.

Qui peut nier que la dévotion envers la passion du Sauveur soit de toutes les dévotions la plus utile, la plus tendre, la plus agréable au Cœur de Jésus, celle qui console davantage les pécheurs et qui enflamme le plus les âmes aimantes. De là cette parole de saint Bonaventure : « Si vous voulez avancer dans la piété, méditez tous- les jours sur la passion de N.-S. »

(S. Alphonse de Liguori.)

PRIERE. — Mon Dieu, mon unique bien, vous êtes tout pour moi, que je sois tout pour vous.

RESOLUTION. — Méditer souvent la passion de Jésus-Christ.

31 mars. — S. BENJAMIN, diacre et mart.

Si tous les hommes avaient dû profiter des fruits de la rédemption, le Cœur de Jésus aurait trouvé dans cette pensée un adoucissement à sa douleur; mais hélas! beaucoup n'ont pas voulu répondre à ses bontés paternelles; Jésus le prévit, et ce fut là pour lui un véritable océan d'affliction.

(Le V. P. de la Colombière.)

PRIERE. — Mon Dieu, mon unique bien, vous êtes tout pour moi, que je sois tout pour vous.

RESOLUTION. — Répondre aux bontés de Jésus.

MOIS D'AVRIL

1er avril. — SAINT HUGUES,
évêque de Grenoble, confesseur.

Pécheur, voyez l'Homme-Dieu que vous avez crucifié, voyez le côté que vous avez transpercé. Infortuné, c'est par vous et pour vous que ce Cœur a été ouvert, et cependant vous n'avez pas voulu y entrer. O Jésus ! en regardant la blessure de vos mains et la blessure de votre Cœur, je vous ferai cette prière : « Vos mains, Seigneur, m'ont fait : elles ont formé tout mon corps. Ne méprisez pas l'ouvrage de vos mains. »

(S. AUGUSTIN.)

PRIERE. — Mon Dieu, mon unique bien, vous êtes tout pour moi, que je sois tout pour vous.

RESOLUTION. — Méditer les plaies de Jésus.

2 avril. — SAINT FRANÇOIS DE PAULE,
confesseur. — Mort de M. Olier.

Que dire de la gloire que Dieu reçoit du Cœur de Jésus qui tout seul rend plus de louanges à Dieu que tous les Saints ensemble, puisque tous les anges et tous les saints ne sont faits que pour exprimer les sentiments intérieurs qui sont renfermés dans le Cœur de Jésus ? O magnifique Cœur qui contient tous les respects de tous les Saints ensemble.

(M. OLIER.)

PRIERE. — Mon Dieu, mon unique bien, vous êtes tout pour moi, que je sois tout pour vous.

RESOLUTION. — Nous unir, dans nos prières, au Cœur de Jésus.

3 avril.— SAINT RICHARD, évêque et conf.

Notre-Seigneur dit lui-même à la bienheureuse Véronique de l'ordre de Saint-Augustin : « Je désire que les hommes rendent à ma passion le culte d'une douleur sincère et d'une vive compassion pour mes souffrances. Ne verseraient-ils qu'une larme, ils peuvent être sûrs qu'ils ont beaucoup fait, car la langue humaine ne saurait exprimer la joie que me cause cette seule larme. »

PRIERE. — Mon Dieu, mon unique bien, vous êtes tout pour moi, que je sois tout pour vous.

RESOLUTION. — Méditer la passion de Notre-Seigneur Jésus-Christ.

4 avril. — SAINT ISIDORE, év. de Séville, confesseur et docteur

O Jésus, je m'offre à vous, je me remets entre vos mains, avec la disposition de bien recevoir cette adversité qui me menace ; je la recevrai de bon cœur de votre main, et je la supporterai avec toute la patience dont je serai capable, m'unissant à cet amour avec lequel vous avez reçu chacune de vos adversités de la main de votre Père, pour les lui offrir ensuite à votre tour avec la plus vive reconnaissance (Ste GERTRUDE.)

PRIERE. — Mon Dieu, mon unique bien, vous êtes tout pour moi, que je sois tout pour vous.

RESOLUTION. — Accepter les croix qui nous arrivent.

5 avril. — S. VINCENT FERRIER, conf.

Saint Vincent Ferrier aimait à parler des grâces répandues dans le monde par le Cœur de Jésus, et à montrer les raisons pour lesquelles N.-S. garda en son corps les cicatrices de ses blessures. « J.-C., dit-il, conserva après sa résurrection les marques de ses plaies. Il a voulu les retenir comme une confirmation de la foi, comme une preuve de miséricorde, comme un souvenir de son triomphe, comme un motif de pardon, comme un signe de justice et un encouragement à la pénitence. »

PRIERE. — Mon Dieu, mon unique bien, vous êtes tout pour moi, que je sois tout pour vous.

RESOLUTION. — Baiser les plaies de Jésus crucifié.

6 avril. — LA B. JULIENNE, vierge.

Quelles ineffables douceurs ne goûte pas une âme qui s'unit au Cœur de Jésus-Christ ! Je ne peux les exprimer. La porte du Paradis est ouverte : la lance du soldat a écarté l'épée flamboyante qui en défendait l'entrée. O âme fidèle, créée à l'image de Dieu, comment ne seriez-vous pas désormais transportée hors de vous-même ? Regardez : Jésus a ouvert son côté pour vous donner son Cœur.

(S. BONAVENTURE.)

PRIERE. — Mon Dieu, mon unique bien, vous êtes tout pour moi, que je sois tout pour vous.

RESOLUTION. — Considérer souvent la plaie du Cœur de Jésus.

7 avril. -- SAINT HÉGÉSIPPE, martyr.

Le Cœur de Jésus est le sanctuaire de l'amour divin, de la plénitude duquel nous sommes tous rendus participants. Là est la source de vie toujours jaillissante, d'où découlent perpétuellement toutes les vertus. C'est l'asile sacré de la charité, où se trouvent préparés le repos pour les justes, le refuge pour les pécheurs, la consolation pour les affligés, la force pour les infirmes. (*Préface de la fête du Sacré-Cœur.*)

PRIERE. — Mon Dieu, mon unique bien, vous êtes tout pour moi, que je sois tout pour vous.

RESOLUTION. — Mettre notre espérance dans le Sacré-Cœur.

8 avril.— S. PERPÉTUE, év. de Tours, conf.

O mon Dieu, c'est sur votre Cœur que je veux enter ma nature misérable; c'est de lui que je veux tirer toute ma sève. Que la mienne disparaisse, et que la vôtre seule, cette sève de la vie divine, que la vôtre seule circule, qu'elle vivifie mon être, qu'elle féconde toutes mes opérations, qu'elle me fasse produire de bons fruits, des fruits de patience, d'humilité, de force et d'amour.

(Mgr LANDRIOT.)

PRIERE. — Mon Dieu, mon unique bien, vous êtes tout pour moi, que je sois tout pour vous.

RESOLUTION. — Mettre en nous les sentiments du Cœur de Jésus.

9 avril. — S. HUGUES, év. de Rouen, conf.

O âme chrétienne, quand vous sentirez que l'ambition du siècle flattera votre cœur d'une trompeuse douceur, ou que le monde éblouira vos yeux d'un vain éclat, élevez votre esprit vers le ciel, et, suivant le conseil de saint Jérôme, prêtez l'oreille aux paroles de Jésus: « Mettez-moi comme un sceau sur votre cœur et sur vos bras. » (LE P. NOUVET.)

PRIERE. — Mon Dieu, mon unique bien, vous êtes tout pour moi, que je sois tout pour vous.

RESOLUTION. — Etablir Jésus le Directeur de notre vie.

10 avril. — LA B. MECHTILDE, vierge

Le Cœur de Jésus veut que vous lui fassiez un entier sacrifice de tout votre être, lui faisant une donation entière de tout ce que vous avez pu faire de bien avec sa grâce et de tout ce que vous pourrez faire à l'avenir, afin qu'il en dispose selon sa volonté. Il veut plus de sacrifices d'esprit et de volonté que d'austérités et de pénitences corporelles.

(LA B. MARGUERITE-MARIE.)

PRIERE. — Mon Dieu, mon unique bien, vous êtes tout pour moi, que je sois tout pour vous.

RESOLUTION. — Se donner au Sacré-Cœur.

11 avril. — S. LÉON, pape, conf. et doct.

Les fruits de salut qui du Cœur Sacré de Jésus rejaillissent sur les âmes, sont multiples et précieux ; il est visible que le salut des individus comme la vraie prospérité des peuples reposent en Jésus-Christ et dérivent de son Cœur comme d'une source bienfaisante. (LÉON XIII.)

PRIERE. — Mon Dieu, mon unique bien, vous êtes tout pour moi, que je sois tout pour vous.

RESOLUTION. — Chercher dans le Sacré-Cœur le salut de la société.

12 avril. — SAINT JULES, pape.

O doux Jésus, je vous supplie comme mon Dieu de m'admettre seulement dans le divin sanctuaire de votre Cœur pour être certain d'être exaucé. Il n'a été blessé qu'afin de nous permettre d'habiter en lui, afin que la plaie visible nous fît connaître la plaie invisible dont l'amour vous a blessé. Qui pourrait ne pas aimer ce Cœur blessé pour nous et demeurer insensible à son amour ?

(S. BERNARD.)

PRIERE. — Mon Dieu, mon unique bien, vous êtes tout pour moi, que je sois tout pour vous.

RESOLUTION. — Faire un acte d'amour au Cœur de Jésus.

13 avril. — S. HERMÉNÉGILDE, martyr.

L'œuvre du Vœu national au Sacré-Cœur de Jésus, dont vous m'avez donné connaissance, mérite d'être encouragée, et je ne puis qu'applaudir à la pensée pieuse qui l'a inspirée. Rien n'est plus chrétien ni plus patriotique qu'un tel vœu. (CARDINAL GUIBERT.)

PRIERE. — Mon Dieu, mon unique bien, vous êtes tout pour moi, que je sois tout pour vous.

RESOLUTION. — Contribuer à l'œuvre du Vœu national.

14 avril. — SAINT JUSTIN, martyr.

Dévouez-vous à l'amour du Sacré-Cœur : le Cœur de Jésus est le trésor de toutes les grâces. Si vous avez à redouter les traits enflammés de vos ennemis, réfugiez-vous dans le Cœur de Jésus. Si vous languissez dans la sécheresse, recourez au Cœur de Jésus : de là sort la source d'eau vive qui rejaillit jusqu'à l'éternité. C'est là que vous trouverez la sécurité, la consolation, la force, la pureté, le repos et l'union avec Dieu.

(Mgr GIRAUD.)

PRIERE. — Mon Dieu, mon unique bien, vous êtes tout pour moi, que je sois tout pour vous.

RESOLUTION. — Recourir au Sacré-Cœur surtout dans nos épreuves.

15 avril. — SAINTE ANASTASIE, martyre.

La libéralité du Fils de Dieu nous a ouvert les trésors du ciel en recevant les blessures qui lui ont ouvert les mains et le Cœur tout ensemble ; c'est là que je prends hardiment tout ce qui me manque. C'est par ces ouvertures que je tire le lait et le miel de la pierre, c'est-à-dire que je goûte et que je vois par expérience quelle est la douceur de mon Maître. (S. BERNARD.)

PRIERE. — Mon Dieu, mon unique bien, vous êtes tout pour moi, que je sois tout pour vous.

RESOLUTION. — Baiser les plaies du Sauveur.

16 avril. — S. PAIR, évêque d'Avranches.

Tout a été fait pour le Cœur de Jésus ; tout a été fait sur son modèle O Cœur de Jésus, divine plénitude, de laquelle tous ont tout reçu : remplissez donc toutes choses, et remplissez surtout mon pauvre cœur. Imprimez en lui votre forme ; qu'il batte à l'unisson de votre Cœur : qu'il soit vous-même et que vous soyez lui-même, qu'il soit éternellement vrai de dire que vous êtes tout en tous, ô Cœur de Jésus.

PRIÈRE. — Mon Dieu, mon unique bien, vous êtes tout pour moi, que je sois tout pour vous.

RESOLUTION. — Nous unir à Jésus dans toutes nos actions.

17 avril. — SAINT ANICET, pape et martyr

O homme, fais tes efforts pour sentir combien le Cœur de Jésus est doux : fixe-toi fermement en lui. Je voudrais, lorsqu'une fois tu seras rentré dans ce très doux Cœur de Jésus, fermer sur toi les portes de ses blessures, afin qu'il te fût impossible d'en sortir. Ton cœur, en même temps, sera tellement enflammé, qu'il te semblera vouloir sortir de ton corps pour habiter dans les blessures de Jésus-Christ. (S. BONAVENTURE.)

PRIÈRE. — Mon Dieu, mon unique bien, vous êtes tout pour moi, que je sois tout pour vous.

RESOLUTION. — Demeurer dans la Cœur de Jésus.

18 avril. — S. GÉBUIN. év. de Lyon, conf.

Parmi les vertus que le divin Cœur de Jésus nous enseigne, il en est surtout deux qu'il nous enseigne plus spécialement encore que toutes les autres : c'est la douceur et l'humilité. « Apprenez de moi. nous dit-il, que je suis doux et humble de Cœur. » Mais ce n'est point assez d'avoir une douceur apparente, une humilité dans ce qui parait aux yeux ; il faut une douceur intérieure, une humilité sincère qui vienne du cœur.

PRIERE. — Mon Dieu, mon unique bien, vous êtes tout pour moi, que je sois tout pour vous.

RESOLUTION. — Imiter la douceur et l'humilité du Cœur de Jésus.

19 avril. — SAINT LÉON IX, pape.

Soyons humbles pour plaire au Cœur de Jésus, mais soyons humbles dans nos jugements, dans nos paroles et dans tout notre extérieur. N'évitez pas les occasions d'humilité ; parce que Jésus vous aime, il vous en fournira souvent : c'est là ce qui vous unira plus étroitement à son divin Cœur, auquel vous devez tâcher de vous conformer.

(LA B. MARGUERITE-MARIE.)

PRIERE. — Mon Dieu. mon unique bien, vous êtes tout pour moi, que je sois tout pour vous.

RESOLUTION. — Pratiquer un acte d'humilité.

20 avril. — SAINT MARCIEN, prêtre.

C'est dans le divin Cœur de Jésus que l'Eglise a été conçue, comme Dieu l'avait figuré dans la création de l'homme. Pendant qu'Adam était endormi, Eve fut tirée de son côté ; de même, pendant le sommeil de J.-C. sur la croix, l'Eglise fut tirée de son Cœur. Eve reçut une vie naturelle du premier homme, l'Eglise une vie surnaturelle de J.-C. Le premier homme donna une de ses côtes pour former Eve, J.-C., pour former l'Eglise, donna la vie et le sang de son Cœur.

PRIERE. — Mon Dieu, mon unique bien, vous êtes tout pour moi, que je sois tout pour vous.

RESOLUTION. — Vénérer le Cœur de Jésus comme l'origine de l'Eglise.

21 avril.— S. ANSELME, év. de Cantorbéry, confesseur, docteur.

Cœur adorable de Jésus, sanctuaire de cet amour qui a porté un Dieu à se faire homme pour sauver les âmes ; en reconnaissance de cette charité infinie, je vous donne mon cœur. Mais enfin, mon Dieu, que ce cœur, je vous en supplie, ne soit plus indigne de vous ; rendez-le semblable à vous-même. Vous êtes sa consolation dans ses peines, son refuge dans les tentations, son espérance pendant la vie, son asile à la mort. (Mme ELISABETH.)

PRIERE. — Mon Dieu, mon unique bien, vous êtes tout pour moi, que je sois tout pour vous.

RESOLUTION. — Nous consacrer au Cœur de Jésus.

22 avril. — SAINT ÉPIPOPE, martyr.

O homme, ne te plains pas, si l'amertume et le chagrin viennent à froisser ton cœur ;

car tu as dans le Cœur de Jésus le baume qui calmera tes peines. S'il a voulu que le disciple, sous ce rapport, n'ait pas un meilleur sort que le Maître, il s'est réservé de le consoler, de le réjouir lui-même par l'abondance des joies qui découlent constamment de son Cœur. (Mgr WISEMAN.)

PRIERE. — Mon Dieu, mon unique bien, vous êtes tout pour moi, que je sois tout pour vous.

RESOLUTION. — Chercher la consolation dans le Sacré-Cœur.

23 avril. — SAINT GEORGES, martyr.

C'est par la dévotion envers le Sacré-Cœur que N.-S. J.-C. veut faire éclater ses miséricordes sur nous. Il faut plaindre l'aveuglement de ceux qui blasphèment ce qu'ils ignorent ; mais nous ne pouvons nous empêcher d'admirer comment cette dévotion répond aux aspirations de tous les cœurs affligés et avec quelle puissance elle nous enseigne l'esprit de pénitence et de dévouement dont notre société a un immense besoin. (LE CARDINAL GUIBERT.)

PRIERE. — Mon Dieu, mon unique bien, vous êtes tout pour moi, que je sois tout pour vous.

RESOLUTION. — Demander au Sacré-Cœur le salut de la France.

24 avril. — S. FIDELE DE SIGMARINGEN martyr.

O Cœur divin de Jésus, voici prosternés devant vous, avec une humble confiance, d'innombrables enfants qui vous offrent leurs plus ardentes prières pour leur père, le Chef de l'Eglise, le Souverain Pontife. Oh ! par bonté, veuiller l'assister par vos consolations, l'aider par votre toute-puissance, et le soutenir jusqu'à ce qu'il remporte une complète victoire sur ses ennemis.

(Prière approuvée par Pie IX.)

PRIERE. — Mon Dieu, mon unique bien, vous êtes tout pour moi, que je sois tout pour vous.

RESOLUTION. — Prier le Sacré-Cœur pour l'Eglise.

25 avril. — SAINT MARC, évangéliste.

Aimons le Sacré-Cœur, aimons-le sans réserve sans exception : donnons tout et sacrifions tout pour avoir ce bonheur, et nous aurons tout en possédant ce divin Cœur de Jésus qui veut être toute chose au cœur qui l'aime ; mais ce ne sera qu'en souffrant pour lui. Ô Jésus, vous voulez que j'honore votre Sacré-Cœur. Ah ! que mon désir ne soit plus que de répondre à votre appel et de procurer la gloire de votre Cœur divin.

PRIERE. — Mon Dieu, mon unique bien, vous êtes tout pour moi, que je sois tout pour vous.

RESOLUTION. — Nous dévouer au S.-C.

26 avril. — N.-D. DU BON CONSEIL.

En suivant Marie on ne s'égare pas ; en priant Marie on ne craint pas le désespoir : en pensant à Marie, on ne se trompe point ; si elle vous tient par la main, vous ne tomberez pas ; si elle vous protège, vous n'aurez rien à craindre ; si elle vous conduit, vous ne connaîtrez pas la fatigue, et si elle vous est favorable, vous êtes sûr d'arriver.

(S. BERNARD.)

PRIERE. — Mon Dieu, mon unique bien, vous êtes tout pour moi, que je sois tout pour vous.

RESOLUTION. — Suivre toujours la direction de Marie.

27 avril. — LE B. CANISIUS, confesseur.

O Jésus, vous m'avez entr'ouvert votre Cœur adorable, et vous m'avez permis d'y plonger mes regards ; vous m'avez invité à puiser en vous les eaux du salut et ordonné de boire à vos fontaines sacrées. O mon âme, dans les tentations, hâte-toi de te réfugier dans le Cœur aimable de Jésus, puis remets-toi devant les yeux sa bonté et son amour et place en regard ta malice, ton infidélité, ton arrogance. (LE B. CANISIUS.)

PRIERE. — Mon Dieu, mon unique bien, vous êtes tout pour moi, que je sois tout pour vous.

RESOLUTION. — Recourir au Cœur de Jésus dans nos tentations.

28 avril. — S. PAUL DE LA CROIX, conf.

Je vous salue, ô Sacré-Cœur de Jésus, vous êtes le lieu de mon repos et mon asile. O mon divin Sauveur, embrasez mon cœur de l'ardent amour dont le vôtre est toujours embrasé ; répandez dans mon cœur les grâces dont le vôtre est la source ; faites que mon cœur soit tellement uni au vôtre que votre volonté soit la mienne et que la mienne soit éternellement conforme à la vôtre.

Sainte GERTRUDE.)

PRIERE. — Mon Dieu, mon unique bien, vous êtes tout pour moi, que je sois tout pour vous.

RESOLUTION. — Faire de la volonté de Dieu la règle de nos actions.

29 avril. — SAINT PIERRE, martyr.

Mettez toute votre espérance et votre appui dans les mérites du Cœur de J.-C. qui a bien voulu se rendre votre caution. Vous trouverez dans ce divin Cœur tout ce qui manque à votre indigence, parce qu'il est tout rempli de miséricorde. Il n'y a rien de rude, de fâcheux qui ne soit adouci par l'aimable Cœur de Jésus ; les malades et les pécheurs y trouvent un asile assuré et y demeurent en assurance. (LA B. MARGUERITE-MARIE.)

PRIERE. — Mon Dieu, mon unique bien, vous êtes tout pour moi, que je sois tout pour vous.

RESOLUTION. — Chercher un refuge dans le Sacré-Cœur.

30 avril. — Ste CATHERINE DE SIENNE, vierge.

Un jour cette sainte demanda à N.-S. pourquoi il avait permis que son côté fût ouvert. La fin principale que j'avais en vue, lui répondit Jésus, était de révéler aux hommes le secret de mon Cœur, afin qu'ils comprissent que mon amour est encore plus grand que les signes extérieurs que j'en donne ; car, tandis que mes souffrances ont un terme, mon amour n'en a pas.

PRIERE. — Mon Dieu, mon unique bien, vous êtes tout pour moi, que je sois tout pour vous.

RESOLUTION. — Nous pénétrer de plus en plus de l'amour du Cœur de Jésus pour nous.

MOIS DE MAI

MOIS DE MARIE

1er mai. — SS. PHILIPPE et JACQUES, apôtres.

Vierge sainte, introduisez-moi dans le Cœur de votre divin Fils, dans ce sanctuaire de toutes les vertus. Je m'unis aux hommages que lui rend votre Cœur immaculé. Esprits bienheureux qui êtes humblement prosternés devant ce Cœur adorable, je m'unis à vos profondes adorations, communiquez-moi votre amour et votre recueillement : présentez-lui mes prières : adorons ensemble le Cœur de notre Dieu.

PRIERE. — Mon Dieu, mon unique bien, vous êtes tout pour moi, que je sois tout pour vous.

RESOLUTION. — Demander à Marie, pendant le mois de mai, la dévotion au S.-C.

2 mai. — S. ATHANASE, év., conf, et doct.

Ne négligez pas d'honorer et d'invoquer la très douce Vierge Marie, afin qu'elle daigne vous obtenir du très doux Cœur de son Fils tout ce qui vous sera nécessaire, et ce que vous en avez reçu, vous l'offrirez au Cœur de Jésus par les bénites mains de sa Mère.

(Un Chartreux.)

PRIERE. — Mon Dieu, mon unique bien, vous êtes tout pour moi, que je sois tout pour vous.

RESOLUTION. — Recourir à Marie pour aller à Jésus.

3 mai. — L'INVENTION DE LA Ste CROIX DE NOTRE-SEIGNEUR JESUS-CHRIST

Saint Augustin s'écrie en la personne de J.-C. : « Considère, ô homme ! ce que j'ai souffert et combien j'ai souffert pour ton salut... J'ai exposé ma tête à une couronne d'épines, mes mains et mes pieds à être percés de clous. J'ai versé mon sang jusqu'à la dernière goutte. Enfin je t'ai ouvert mon Cœur, et je t'ai donné à boire le sang précieux qui en découle. Que peux-tu demander davantage ? » Approchons-nous donc de cette fontaine d'eau vive : il nous donnera gratuitement cette eau salutaire.

PRIERE. — Mon Dieu, mon unique bien, vous êtes tout pour moi, que je sois tout pour vous.

RESOLUTION. — Nous approcher du Cœur de Jésus.

4 mai. — SAINTE MONIQUE, veuve.

Cœur sacré de Jésus, mon Sauveur, je vous vois, puisque vous avez daigné vous révéler, et je vous vois tel que vous vous êtes montré à votre fidèle servante, percé d'une profonde blessure, environné d'une couronne d'épines et surmonté de ces flammes qui me disent quel amour vous avez eu pour moi, et combien vous voudriez allumer en mon propre cœur la charité du vôtre. (Le C. PERBAUD.)

PRIERE. — Mon Dieu, mon unique bien, vous êtes tout pour moi, que je sois tout pour vous.

RESOLUTION. — Aimer le Sacré-Cœur.

5 mai. — SAINT PIE V, pape et confesseur.

Il n'est pas possible de parler du Cœur de Jésus sans nommer le Cœur de Marie. Marie a fourni le sang qui, après avoir fait battre le Cœur de Jésus, a ruisselé sur le Calvaire; jamais Cœur ne fut si étroitement uni au Cœur de Jésus que le Cœur de Marie; ce qui nous vient du Cœur de l'un nous est communiqué par les mains de l'autre. Associons-les donc dans notre hommage, comme nous les associons dans notre confiance et dans notre amour. (Mgr PAVY.)

PRIERE. — Mon Dieu, mon unique bien, vous êtes tout pour moi, que je sois tout pour vous.

RESOLUTION. — Honorer le Cœur de Marie.

6 mai. — S. JEAN devant la Porte Latine.

Tous les écrits de saint Jean ne tendent qu'à expliquer le Cœur de Jésus. En ce Cœur est l'abrégé de tous les mystères du christianisme, mystères de charité dont l'origine est au Cœur, un Cœur, s'il se peut, tout pétri d'amour; toutes les palpitations, tous les battements de ce Cœur, c'est la charité qui les produit. (BOSSUET.)

PRIERE. — Mon Dieu, mon unique bien, vous êtes tout pour moi, que je sois tout pour vous.

RESOLUTION. — Demander à saint Jean l'amour du Sacré-Cœur.

7 mai. — S. STANISLAS, évêque et martyr.

O Jésus ! il ne vous reste plus rien à nous donner : vous n'avez plus qu'à exhaler votre dernier soupir. Mais que vois-je ? Votre regard mourant cherche encore ; il s'arrête sur Marie, Marie, votre créature et votre Mère, Marie, le chef-d'œuvre de votre puissance et de votre bonté, Marie, les délices de votre Cœur ; vous nous la donnez pour Mère. O Cœur sacré, quelle bonté !

PRIERE. — Mon Dieu, mon unique bien, vous êtes tout pour moi, que je sois tout pour vous.

RESOLUTION. — Honorer Marie comme notre Mère.

8 mai. — SAINT MICHEL, archange.

Jésus nous présente son Cœur pour que nous lui rendions les hommages qui lui sont dus ; il nous le donne pour modèle : il veut que nous y puisions les grâces de notre sanctification : nous devons nous unir à ce Cœur pour rendre à son Père un culte digne de lui. Ce Cœur est si admirable que la Sainte Vierge seule a pu le connaître en partie, et c'est ce qui fait la beauté du Cœur de Marie.

(Le P. Liberman.)

PRIERE. — Mon Dieu, mon unique bien, vous êtes tout pour moi, que je sois tout pour vous.

RESOLUTION. — Demander à Marie la connaissance du Sacré-Cœur.

9 mai. — S. GRÉGOIRE, év. de Nazianze, confesseur et docteur.

O Marie, la plus tendre des Mères, par la douleur que vous éprouvâtes au pied de la croix, lorsque vous vîtes le soldat s'approcher du corps adorable de votre divin Fils et le transpercer d'outre en outre, daignez obtenir aux pauvres pécheurs, dont vous êtes l'avocate et la Mère, l'application efficace du sang et de l'eau qui jaillirent alors du Sacré-Cœur de Jésus.

PRIERE. — Mon Dieu, mon unique bien, vous êtes tout pour moi, que je sois tout pour vous.

RESOLUTION. — Compatir aux douleurs de Marie.

10 mai. — S. ANTONIN, évêque et confes.

Le côté de Jésus est un livre de vie. Nous devons nous appliquer à ce livre : nous devons y étudier avec le plus grand soin les caractères de compassion, d'amour et de crainte qu'il renferme. Beaucoup admirent les beautés de ce livre, mais peu en pénètrent la profondeur. Le Cœur de Jésus est un livre de science qui renferme de quoi ravir d'admiration les plus grandes âmes.

(S. ANTONIN.)

PRIERE. — Mon Dieu, mon unique bien, vous êtes tout pour moi, que je sois tout pour vous

RESOLUTION. — Etudier les beautés du Cœur de Jésus.

11 mai. — SAINT MAYEUL, abbé.

L'aimable Cœur de J.-C. doit être seul notre occupation, notre livre et toute notre direction, celui qui doit remplir notre mémoire, éclairer notre entendement et enflammer notre volonté, afin que nous ne nous souvenions plus que de lui.

(LA B. MARGUERITE-MARIE.)

PRIERE. — Mon Dieu, mon unique bien, vous êtes tout pour moi, que je sois tout pour vous.

RESOLUTION. — Etudier le Cœur de Jésus.

12 mai. — Les SS. NÉRÉE et ACHILLÉE, martyrs.

Quel Cœur plus adorable, plus aimable, plus admirable que le Cœur de l'Homme-Dieu ? Quel honneur ne mérite donc pas ce Cœur divin qui a rendu et rendra éternellement à Dieu plus de gloire que tous les cœurs des hommes et des anges ne lui en pourraient rendre dans toute l'éternité ? Quel zèle ne devons-nous pas avoir pour honorer ce Cœur auguste, qui est la source de notre salut ? (LE V. P. EUDES.)

13 mai. — S. GERVAIS, évêque et confesseur

Le Cœur de Jésus est le roi de tous les cœurs, et par sa grandeur, et par son pouvoir, et par son mérite. Il est le plus grand de tous les cœurs, parce qu'il les porte tous

PRIERE. — Mon Dieu, mon unique bien, vous êtes tout pour moi, que je sois tout pour vous.

RESOLUTION. — Penser souvent à l'excellence du Sacré-Cœur.

renfermés dans le sien. Il est le plus puissant, parce qu'il peut en disposer comme bon lui semble. Il est le plus digne de commander, parce qu'il est le plus obligeant, le plus aimable et le plus aimant. (LE P. NOUET.)

PRIERE. — Mon Dieu, mon unique bien, vous êtes tout pour moi, que je sois tout pour vous.

RESOLUTION. — Nous soumettre à l'action du Cœur de Jésus.

14 mai. — SAINT BONIFACE, martyr.

Ame faite à l'image de Dieu, comment peux-tu te contenir encore? Ton aimable Sauveur, blessé pour toi, veut s'unir à toi et tu tardes d'aller à lui! Dans l'excès de son amour, il a ouvert son côté pour te donner son Cœur! O homme crois-moi, unis ton âme au Cœur du Christ, et tu verras de quelles délices elle sera comblée: impossible de l'exprimer, fais-en l'expérience.

(S. BONAVENTURE.)

PRIERE. — Mon Dieu, mon unique bien, vous êtes tout pour moi, que je sois tout pour vous.

RESOLUTION. — Aller au Cœur de Jésus.

15 mai. — SAINT JEAN-BAPTISTE de la SALLE, confesseur.

Pour une âme qui s'est consacrée au Cœur de Jésus, tout mélange d'erreur et de vice devient une profanation, une violation de la foi jurée. Le Cœur de Jésus est un Cœur jaloux; se donner à lui pour convoler à d'autres attachements qu'il réprouve, serait le blesser jusqu'à l'outrage. Mais, que n'a pas le droit d'attendre cette âme d'un Cœur aussi riche, aussi grand, aussi bon ? Qu'on se donne à lui il se donne à nous.

(Mgr PAVY.)

PRIERE. — Mon Dieu, mon unique bien, vous êtes tout pour moi, que je sois tout pour vous.

RESOLUTION. — Nous consacrer au Sacré-Cœur.

16 mai. — S. J. NÉPOMUCÈNE, martyr.

Le Cœur n'existe que pour donner : plus il donne, plus il reçoit, et en donnant ce qu'il est il devient ce qu'il n'était pas. Le Cœur de Jésus a vécu dans la pratique de ce don. Il se donne aux hommes qu'il sanctifie, il devient l'Eglise ; il se donne au Verbe divin qui l'anime ; il est Dieu, mais il ne se donne à l'Eglise que pour se donner elle-même à Dieu, s'appauvrissant encore de tout ce qu'il a acquis dans ce commerce d'amour.

(Mgr BAUDRY.)

PRIERE. — Mon Dieu, mon unique bien, vous êtes tout pour moi, que je sois tout pour vous.

RESOLUTION. — Nous donner à Dieu comme le Sacré-Cœur.

17 mai. — S. PASCHAL BAYLON, confes.

Il n'y a rien que Dieu désire plus que votre cœur. Il veut que vous lui donniez votre cœur et que vous ne vous contentiez pas simplement de le lui prêter, puisqu'il veut en être le vrai et perpétuel propriétaire ; il veut y habiter et le posséder, non point pour un certain temps, mais pour toujours ; non point à titre d'hôte, mais à titre de Maître et de

Seigneur. Il veut être seul à posséder votre cœur. (LANSPERGE.)

PRIERE. — Mon Dieu, mon unique bien, vous êtes tout pour moi, que je sois tout pour vous.

RESOLUTION. — Donner notre cœur à Jésus.

18 mai. — SAINT VENANCE, martyr.

Puisque Jésus a porté sa croix tous les jours et tous les instants de sa vie, ne lui refusons aucun jour, aucun instant de notre vie. Que jusqu'à notre dernière heure, tous les battements de notre cœur soient pour la gloire et la louange du Créateur à jamais béni, dont le dernier soupir fut un acte d'amour pour son Père et un acte d'amour pour nous. (LE CARDINAL BELLARMIN.)

PRIERE. — Mon Dieu, mon unique bien, vous êtes tout pour moi, que je sois tout pour vous.

RESOLUTION. — Consacrer tous les mouvements de notre cœur au Cœur de Jésus.

19 mai. — S. PIERRE CELESTIN, pape.

C'est dans le Cœur percé de Jésus qu'on est allé prendre notre rançon ; elle est dans le Cœur de Jésus comme dans sa source, comme dans un trésor secret. Et ce Cœur blessé de Jésus, ne blessera-t-il pas notre cœur ? N'aurons-nous pas compassion de lui ? Ne l'aimerons-nous point ? Il a donné tout son sang et n'en a pas gardé une goutte pour lui. (LUDOLPHE.)

PRIERE. — Mon Dieu, mon unique bien, vous êtes tout pour moi, que je sois tout pour vous.

RESOLUTION. — Aimer le Sacré-Cœur.

20 mai. — S. BERNARDIN DE SIENNE, confesseur.

Bien que du trésor de son Cœur Jésus ait constamment tiré de bonnes choses, il en fit sortir les meilleures lorsqu'il fut attaché à la croix. Là, il nous montra que son Cœur était une fournaise d'ardente charité. Il en fit sortir sept paroles brûlantes comme autant de traits d'amour. Le premier de ces traits fut d'une merveilleuse rémission, le second d'une merveilleuse dévotion, le troisième d'une merveilleuse association, le quatrième d'une merveilleuse déréliction, le cinquième d'une merveilleuse attraction, le sixième d'une merveilleuse consommation, le septième d'une merveilleuse réduction.

(S. BERNARDIN DE SIENNE.)

PRIERE. — Mon Dieu, mon unique bien, vous êtes tout pour moi, que je sois tout pour vous.

RESOLUTION. — Relire les sept paroles de Jésus en croix.

21 mai. — SAINT TIMOTHÉE, diacre.

Seul entre tous les cœurs, votre Cœur, ô Jésus, a été pleinement fidèle à la loi de la pauvreté. Pour lui seul donc la pauvreté a été une béatitude dans toute l'étendue de ce mot. O divin pauvre, bienheureux ceux qui, pauvres comme vous, méritent d'être unis à votre Cœur et de répéter avec lui le cri sublime de la parfaite pauvreté. O Père, tout ce que j'ai est à vous, et tout ce que vous avez est à moi. (Mgr BAUDRY.)

PRIERE. — Mon Dieu, mon unique bien, vous êtes tout pour moi, que je sois tout pour vous.

RESOLUTION. — Faire aujourd'hui une aumône en l'honneur du Sacré-Cœur.

22 mai. — Ste **QUITERIE, vierge et martyre**

Chose étrange, les hommes font naturellement tous leurs efforts pour ne point souffrir, et le Fils de Dieu au contraire, emploie sa puissance miraculeuse pour se mettre en état d'endurer les plus grands tourments. Le Cœur de Jésus souffrait les élans d'une douleur intolérable ; si bien que toute la gloire qu'il tirait de la jouissance de Dieu ne servait qu'à le combattre en augmentant sa peine et en redoublant ses douleurs.

(S. LAURENT-JUSTINIEN.)

PRIERE. — Mon Dieu, mon unique bien, vous êtes tout pour moi, que je sois tout pour vous.

RESOLUTION. — Accepter la souffrance en union avec Jésus.

23 mai. — **SAINT DÉSIRÉ, évêque et mart.**

Le Cœur de Jésus a été déchiré par le fer, comme l'arbre aux parfums, pour que sa bonne odeur se répande. Qu'importe par qui et comment mon cœur est déchiré, pourvu que lui aussi soit un parfum à la gloire de Dieu, pourvu qu'il y ait en lui ressemblance avec le Cœur de Jésus, et non seulement ressemblance, mais union, union commencée dans le temps pour s'achever dans l'éternité. (LE R. P. DE RAVIGNAN.)

PRIERE. — Mon Dieu, mon unique bien, vous êtes tout pour moi, que je sois tout pour vous.

RESOLUTION. — Imiter aujourd'hui une vertu du Cœur de Jésus.

24 mai. — NOTRE-DAME AUXILIATRICE

A qui vous comparerai-je, sinon à la fleur, ô Cœur de Jésus ? Lys des vallées, fleur des champs, vous êtes né sans culture de la main des hommes, et vos parfums ont embaumé votre Église. Semblable à la fleur votre Cœur, ô Jésus, est un calice. Il a reçu la rosée du ciel et contient un miel plus pur et plus doux que celui des fleurs les plus douces et les plus pures ; l'âme qui s'en nourrit y trouve la vie. (Mgr BAUDRY.)

PRIERE. — Mon Dieu, mon unique bien, vous êtes tout pour moi, que je sois tout pour vous.

RESOLUTION. — Répandre comme Jésus la bonne odeur des vertus.

25 mai. — SAINT GRÉGOIRE VII, pape.

O Chrétien, donne ton cœur à celui qui t'a ouvert son Cœur ; ne donne pas ton cœur au monde, mais au Christ : ne le donne pas à la vaine prudence humaine, mais à l'éternelle sagesse. Où peux-tu reposer plus tranquillement ? Où peux-tu habiter plus sûrement que dans les plaies et les blessures du Christ crucifié pour toi. (UN CHARTREUX.)

PRIERE. — Mon Dieu, mon unique bien, vous êtes tout pour moi, que je sois tout pour vous.

RESOLUTION. — Chercher un asile dans le Cœur de Jésus.

26 mai. — S. PHILIPPE DE NÉRI, conf.

Où pourrons-nous trouver un cœur plus tendre et plus miséricordieux que le Cœur de Jésus ?

C'est cette miséricorde qui le fit descendre du ciel sur la terre, et lui fit dire qu'il était le Bon Pasteur, venu pour sauver ses brebis! Pour nous obtenir le pardon de nos péchés, il a voulu sacrifier sa vie sur la croix au milieu des tourments et subir ainsi toute la peine qui nous était due.

(S. ALPHONSE DE LIGUORI.)

PRIERE. — Mon Dieu, mon unique bien, vous êtes tout pour moi, que je sois tout pour vous.

RESOLUTION. — Recourir à la miséricorde du Cœur de Jésus.

27 mai. — SAINT BÈDE, confesseur et doct.

Si nous devons tous nous adresser avec confiance au trône de la grâce pour en obtenir miséricorde, nous devons le faire surtout au milieu de si grandes calamités de l'Eglise et de la société civile. Nous avons donc jugé utile d'exciter la pitié de tous les fidèles, afin que s'unissant à nous, ils recourent à N.-S. J.-C. et demandent à son très doux Cœur d'entraîner tout à lui par les liens de son amour et de faire que tous les hommes marchent dignement selon son Cœur, se rendant agréables à Dieu en toutes choses. (PIE IX.)

PRIERE. — Mon Dieu, mon unique bien, vous êtes tout pour moi, que je sois tout pour vous.

RESOLUTION. — Prier le Sacré-Cœur pour l'Eglise.

28 mai.— S. AUGUSTIN, év. de Cantorbéry

C'est bien dans son Cœur que le Sauveur prit un jour, pour nous la donner, cette doctrine d'amour qui nous révélait tout le secret du bonheur. Le bonheur ! Tous nous y aspirons ; et le seul mot de béatitude nous est déjà d'une ravissante douceur. Mais quand c'est du Cœur d'un Dieu qu'il passe au cœur des mortels, oh ! alors, ce mot de béatitude fait éprouver au cœur ce que la langue de l'homme est impuissante à décrire.

(Mgr BAUDRY.)

PRIERE. — Mon Dieu, mon unique bien, vous êtes tout pour moi, que je sois tout pour vous.

RESOLUTION. — Mettre notre bonheur dans le Sacré-Cœur.

29 mai. — Ste MADELEINE DE PAZZI, vierge.

Quelquefois, après avoir parcouru toute la maison, avec un crucifix en main, sainte Madeleine de Pazzi allait sonner la cloche et criait d'une voix forte: « Venez âmes, venez aimer l'amour qui vous a tant aimées venez aimer votre Dieu. » Une fois, après avoir passé tout le jour dans cette agitation, enfin, épuisée de fatigue, elle prit son crucifix et appliquant la bouche sur la plaie de son Cœur, elle parut boire à longs traits et reprit ses forces.

PRIERE. — Mon Dieu, mon unique bien, vous êtes tout pour moi, que je sois tout pour vous.

RESOLUTION. — Chercher notre force dans le Sacré-Cœur.

30 mai. — SAINT FÉLIX, pape et martyr.

O Jésus mille et mille fois le désiré de mon cœur, voici que l'heure approche où je vais vous recevoir dans mon âme. Pour préparer dignement mon âme, je vous offre, ô très doux Jésus, votre Cœur, ce Cœur d'une dignité infinie, et toutes les vertus et les grâces plus que célestes dont la Trinité l'a comblé sans mesure, afin que vous trouviez dans mon âme une demeure très digne et très agréable. (Ste GERTRUDE.)

PRIERE. — Mon Dieu, mon unique bien, vous êtes tout pour moi, que je sois tout pour vous.

RESOLUTION. — Nous préparer à nos communions par la récitation de la prière ci-dessus.

31 mai. — Ste ANGÈLE MÉRICI, vierge.

Votre Cœur, ô Jésus, n'a jamais connu les tristes ravages que produit incessamment dans l'homme la triple concupiscence que m'a léguée mon premier père. Si elle n'est pas un péché en ceux qui ont reçu la grâce de la régénération, il n'en est pas moins vrai qu'elle vient du péché et qu'elle porte au péché. Vous ne pouviez donc pas la prendre sur vous, ô Saint des Saints, et c'est en la repoussant loin de votre Cœur, que vous me montrez la voie du vrai bonheur.

(Mgr BAUDRY.)

PRIERE. — Mon Dieu, mon unique bien, vous êtes tout pour moi, que je sois tout pour vous.

RESOLUTION. — Demander au Sacré-Cœur la victoire sur la concupiscence.

MOIS DE JUIN

MOIS DU SACRÉ-CŒUR

1er juin. — SAINT PAMPHILE, martyr.

Le Cœur de Jésus a une union hypostatique avec le Verbe éternel union qui le rend réellement le Cœur d'un Dieu. Si son nom, sa croix, les clous, la lance, les épines méritent notre culte, que ne mérite pas son Sacré-Cœur, et quels honneurs pourront jamais être proportionnés à son excellence infinie ? Un seul acte d'amour de ce Cœur divin honore plus Dieu que toutes les créatures ensemble.

PRIERE. — Mon Dieu, mon unique bien, vous êtes tout pour moi, que je sois tout pour vous.

RESOLUTION. — Célébrer avec ferveur le mois du Sacré-Cœur.

**2 juin. — SAINT MARCELLIN
et SES COMPAGNONS, martyrs.**

Cœur de Jésus qui êtes ma paix qui me mettez en paix avec Dieu, avec moi-même, avec tout le monde, quand sera-ce que par la foi de la rémission des péchés, par la tranquillité de ma conscience, par une douce confiance de votre faveur, par un entier acquiescement à vos éternelles volontés je posséderai cette paix qui est en vous, qui vient de vous ? (BOSSUET.)

PRIERE. — Mon Dieu, mon unique bien, vous êtes tout pour moi, que je sois tout pour vous.

RESOLUTION. — Chercher la paix du cœur en Jésus.

3 juin. — **SAINTE CLOTILDE, reine.**

Vous désirez qu'un temple dédié au Sacré-Cœur de Jésus s'élève dans Paris. Ce temple doit être un monument d'expiation et la France entière sera appelée à contribuer à cette œuvre par les dons des fidèles. En même temps, ce sanctuaire deviendrait, devant Dieu, l'expression d'une supplication générale pour que, du Cœur si aimant de l'adorable Rédempteur des hommes, sorte notre régénération spirituelle et temporelle.

(LE CARDINAL GUIBERT.)

PRIERE. — Mon Dieu, mon unique bien, vous êtes tout pour moi, que je sois tout pour vous.

RESOLUTION. — Contribuer à l'Œuvre du Vœu national.

4 juin. — **S. FRANÇOIS CARACCIOLO, conf.**

Si nous voulons la paix, demandons-la à Celui qui seul a la puissance de la donner : élevons au sommet de Montmartre un temple dédié au Cœur du Dieu vivant qui s'appelle lui-même le Dieu de la paix. Là, nous viendrons, avec le sentiment de nos fautes et le repentir dans le cœur, implorer la miséricorde et la protection dont nous avons besoin.

(LE CARDINAL GUIBERT.)

PRIERE. — Mon Dieu, mon unique bien, vous êtes tout pour moi, que je sois tout pour vous.

RESOLUTION. — Demander au Sacré-Cœur la paix pour la France.

5 juin. — S. BONIFACE, évêque et martyr.

Il fallait que la foi de la génération présente vînt se retremper au lieu où nos premiers martyrs l'avaient plantée en l'arrosant de leur sang. N'est-ce pas sur cette montagne consacrée que devait s'élever le temple du Cœur de Jésus, comme un signe perpétuel de miséricorde sur la grande cité que le regard embrasse de ces hauteurs, et comme une exhortation permanente à la fidélité envers Dieu adressée aux chrétiens de la capitale et de la France entière ?

(LE CARDINAL GUIBERT)

PRIERE. — Mon Dieu, mon unique bien, vous êtes tout pour moi, que je sois tout pour vous.

RESOLUTION. — Faire amende honorable au Sacré-Cœur.

6 juin. — S. NORBERT, évêque et confes.

C'est de la France que le mal qui nous travaille s'est répandu dans toute l'Europe ; c'est aussi de la France, où a pris naissance la dévotion au Sacré-Cœur, que partiront les prières qui doivent nous relever et nous sauver. Le sanctuaire dont il s'agit deviendra, dans l'enceinte de la capitale, une sorte de paratonnerre sacré qui la préservera de la justice divine. (LE CARDINAL GUIBERT.)

PRIERE. — Mon Dieu, mon unique bien, vous êtes tout pour moi, que je sois tout pour vous.

RESOLUTION. — Remercier le Cœur de Jésus de sa générosité.

7 juin. — SAINT ROBERT, abbé.

L'âme qui sera la plus humble et la plus méprisée sera la plus avant dans le Cœur adorable de Jésus Le Sacré-Cœur de notre souverain Maître est une source inépuisable qui ne cherche qu'à se répandre dans les cœurs humbles, qui ne tiennent à rien, pour être toujours prêts à se sacrifier à son bon plaisir, quoi qu'il en puisse coûter à la nature. Le Cœur de Jésus prend plaisir aux services des petits et humbles de cœur et donne de grandes bénédictions à leurs travaux.

(LA B. MARGUERITE-MARIE.)

PRIERE. — Mon Dieu, mon unique bien, vous êtes tout pour moi, que je sois tout pour vous.

RESOLUTION. — Accepter l'humiliation.

8 juin. — S. MÉDARD, év. de Noyon et conf.

Comme ils doivent s'estimer heureux ceux qui réparent les outrages faits à Jésus! Comme ils sont agréables à son divin Cœur! En honorant ce Cœur sacré dans le sacrement de son amour, ils entrent dans ses desseins, ils le consolent et attirent sur eux l'abondance de ses miséricordes. Ah! si le Cœur de Jésus est si bon pour les pécheurs, quel n'est donc pas son amour pour ces âmes qui s'efforcent de le glorifier à proportion qu'elles le sentent outragé.

PRIERE. — Mon Dieu, mon unique bien, vous êtes tout pour moi, que je sois tout pour vous.

RESOLUTION. — Réparer les outrages faits au Sacré-Cœur.

9 juin. — LES SS. PRIME et FÉLICIEN,
martyrs.

Nous déposerons les passions mauvaises qui ont trop longuement troublé, déchiré la grande famille et, devant l'autel du Dieu de charité, nous retrouverons cette union qui fera de tous les Français un peuple de frères. Ainsi l'Eglise du Sacré-Cœur sera véritablement pour la France le temple de la paix ; ses flèches porteront vers le ciel l'hommage de nos adorations et appelleront sur la terre la paix promise aux hommes de bonne volonté.

(Le Cardinal Guibert.)

PRIERE. — Mon Dieu, mon unique bien, vous êtes tout pour moi, que je sois tout pour vous.

RESOLUTION. — Rendre à Jésus amour pour amour.

10 juin. — Ste MARGUERITE, reine d'Ecosse

Oui, la France pénitente et dévouée au Cœur de Jésus a vu ce Cœur divin s'incliner miséricordieusement vers elle et, dans l'élan de notre gratitude, nous dirons aujourd'hui : « C'est la France pénitente, dévouée et reconnaissante qui vient se consacrer au Cœur Sacré de Jésus. » (Le Cardinal Richard.)

PRIERE. — Mon Dieu, mon unique bien, vous êtes tout pour moi, que je sois tout pour vous.

RESOLUTION. — Demander pardon pour la France.

11 juin. — SAINT BARNABÉ, apôtre.

1. Le cerf blessé demande une source d'eau claire,
L'orphelin sans abri demande un protecteur.
La colombe un doux nid, les morts une prière ;
Pour moi, divin Jésus, je demande ton Cœur.
2. Le mendiant s'attache à la porte entr'ouverte,
Le lierre au vieux donjon, l'abeille à la fleur,
Le blanc fil de la Vierge à la fougère verte :
Pour moi, divin Jésus, je m'attache à ton Cœur
3. Le guerrier veut mourir sur le champ de bataille,
Le marin sous les flots, l'apôtre au saint labeur.
Le père sous son toit, l'ermite sur la paille ;
Pour moi, divin Jésus, je mourrai sur ton Cœur.

(R. P. DE LA FOUGERAY.)

PRIÈRE. — Mon Dieu, mon unique bien, vous êtes tout pour moi, que je sois tout pour vous.
RÉSOLUTION. — Nous attacher au Sacré-Cœur.

12 juin. — S. JEAN DE S. FACOND, conf.

Il n'y a pas de plus court chemin pour arriver à la perfection, ni de plus sûr moyen de salut que d'être consacré au Sacré-Cœur pour lui rendre tous les hommages dont nous sommes capables. C'est l'ardent désir de répandre avec profusion ses grâces dans les âmes qui lui fait désirer d'être connu, aimé et glorifié de ses créatures, dans lesquelles il veut établir son empire, comme la source de tout bien, afin de pourvoir à tous leurs besoins.

(LA B. MARGUERITE-MARIE.)

PRIÈRE. — Mon Dieu, mon unique bien, vous êtes tout pour moi, que je sois tout pour vous.
RÉSOLUTION. — Nous consacrer au Sacré-Cœur.

13 juin.— S. ANTOINE DE PADOUE, conf.

O vous qui éclairez tout homme venant en ce monde faites que votre Cœur m'éclaire, de peur que je ne m'endorme dans la mort et que mon ennemi ne dise : « Je l'ai emporté sur lui. » Donnez-moi, ô Jésus très miséricordieux, une seule goutte du sang que par amour pour nous vous avez répandu de votre Cœur. (S. Antoine de Padoue.)

PRIERE. — Mon Dieu, mon unique bien, vous êtes tout pour moi, que je sois tout pour vous.

RESOLUTION. — Baiser avec amour la plaie du côté de Jésus.

14 juin. — SAINT BASILE, év. de Césarée, confesseur et docteur.

N'oubliez rien pour inspirer cette dévotion à tout le monde. Les trésors de bénédictions et de grâces que ce Sacré-Cœur renferme sont infinis. Je ne sache pas qu'il y ait nul exercice de dévotion qui soit plus propre pour élever en peu de temps une âme à la plus haute perfection. Oui, si l'on savait combien cette dévotion est agréable à J.-C., il n'est pas un chrétien, pour peu d'amour qu'il ait pour cet aimable Sauveur, qui ne la pratiquât d'abord.

(La B. Marguerite-Marie.)

PRIERE. — Mon Dieu, mon unique bien, vous êtes tout pour moi, que je sois tout pour vous.

RESOLUTION. — Pratiquer la dévotion au Sacré-Cœur.

15 juin. — Ste GERMAINE COUSIN, vierge.

Ah ! qu'il nous est besoin de nous jeter fervents et confiants dans le Cœur de Jésus dans cet asile toujours ouvert à notre amour, et de nous y jeter non point à la manière de soldats découragés qui tournent le dos à l'ennemi et cherchent le salut dans la fuite, mais comme les vaillants qui s'en vont à la vraie source puiser la force.

(Le Cardinal Coullié.)

PRIERE. — Mon Dieu, mon unique bien, vous êtes tout pour moi, que je sois tout pour vous.

RESOLUTION.— Nous confier dans le Sacré-Cœur.

16 juin. — SAINT J.-F.-RÉGIS, confesseur.

Le Cœur de Jésus est un rendez-vous pacifique où nous convions tous nos frères à venir chercher avec nous la vérité dans la charité. Le temps viendra où ceux-mêmes qui se montrent hostiles aujourd'hui viendront se prosterner et prier dans le sanctuaire du Sacré-Cœur. Là, ils pleureront avec nous sur les malheurs de la patrie, et ils recevront la révélation de cette charité divine qui rapproche les cœurs, éteint les haines et guérit toutes les blessures.

(Le Cardinal Guibert.)

PRIERE. — Mon Dieu, mon unique bien, vous êtes tout pour moi, que je sois tout pour vous.

RESOLUTION. — Demander au Sacré-Cœur le progrès dans la vertu.

17 juin. — SAINT AVIT, abbé.

Le Cœur de Jésus est comme ce sang de l'agneau qui marquait les portes des justes d'Israël et les mettait à l'abri du glaive de l'ange exterminateur. Oh! la colère du Juge irrité peut passer comme un souffle vengeur; elle ne frappera pas ceux qui seront revêtus de ce signe et marqués de ce sang c'est-à-dire ceux qui porteront les livrées du Cœur divin.

(Mgr L'Evêque de Moulins.)

PRIERE. — Mon Dieu, mon unique bien, vous êtes tout pour moi; que je sois tout pour vous.

RESOLUTION. — Espérer dans le Sacré-Cœur.

18 juin. — LES SS. MARC et MARCELLIEN martyrs.

N.-S. m'a découvert des trésors d'amour et de grâces pour les personnes qui se consacreront et se sacrifieront toutes à lui rendre et procurer l'honneur, l'amour et la gloire qui seront en leur pouvoir, mais des trésors si grands qu'il m'est impossible de m'en exprimer. Cet aimable Cœur a un désir infini d'être connu et aimé de ses créatures, dans lesquelles il veut établir son empire comme la source de tout bien, afin de pourvoir à tous leurs besoins. (La B. Marguerite-Marie.)

PRIERE. — Mon Dieu, mon unique bien, vous êtes tout pour moi, que je sois tout pour vous.

RESOLUTION. — Nous consacrer au Sacré-Cœur

19 juin. — LES SS. GERVAIS et PROTAIS, martyrs.

N.-S. m'a assuré qu'il prenait un singulier plaisir d'être honoré sous la figure de ce Cœur de chair, dont il voulait que l'image fût exposée en public, afin, ajouta-t-il de toucher le cœur insensible des hommes. me promettant qu'il répandrait avec abondance sur tous ceux qui l'honoreront tous les trésors de grâces dont il est rempli. Partout où cette image sera exposée pour y être singulièrement honorée, elle y attirera l'abondance de toutes sortes de bénédictions.

(La B. Marguerite-Marie.)

PRIERE. — Mon Dieu, mon unique bien, vous êtes tout pour moi, que je sois tout pour vous.

RESOLUTION. — Honorer les images du Sacré-Cœur.

20 juin. — S. SYLVÈRE, pape et martyr.

N.-S. m'a confirmé qu'il répandra ses grâces avec abondance dans tous les lieux où sera honorée l'image de son divin Cœur ; qu'il réunira les familles divisées. qu'il protégera celles qui seraient en quelque nécessité, qu'il répandra la suave onction de son ardente charité sur toutes les communautés qui l'honoreront et se mettront sous sa spéciale protection, qu'il en détournera tous les coups de la divine justice pour les remettre en grâces lorsqu'elles en seront déchues.

(La B. Marguerite-Marie.)

PRIERE. — Mon Dieu, mon unique bien, vous êtes tout pour moi, que je sois tout pour vous.

RESOLUTION. — Répandre les images et médailles du Sacré-Cœur.

Copie authentique de la PREMIÈRE IMAGE DU SACRÉ-CŒUR VÉNÉRÉE PAR LA BIEN-HEUREUSE MARGUERITE-MARIE en 1685, au Monastère de Paray-le-Monial.

Je bénirai les maisons où l'image de mon Sacré-Cœur sera exposée et vénérée. (N.-S. à la B. M.-M.)

Vᵈ attestatione Superiorissae Monasterii
de [...] B. M. V. in hac Nostra
[...] quod ad Nos spectat, re-
[...].
25 Maii 1894
David Archiep. Taurin.

21 juin. — S. LOUIS DE GONZAGUE, conf.

Sainte Madeleine de Pazzi, admise à contempler la gloire dont ce Saint jouit dans le ciel, connut qu'il en était redevable à sa dévotion au Sacré-Cœur de Jésus. Oh ! quelle gloire est celle de saint Louis de Gonzague, s'écriait-elle ! En voici la cause : quand il était dans ce monde, il décochait sans cesse des flèches d'amour vers le Cœur du Verbe divin ; aujourd'hui qu'il est au ciel, ces flèches retournent en son propre cœur et y demeurent, parce que les actes d'amour et de charité qu'il faisait alors lui donnent une joie extrême.

PRIERE. — Mon Dieu, mon unique bien, vous êtes tout pour moi, que je sois tout pour vous.

RESOLUTION. — Demander à saint Louis de Gonzague la dévotion au Sacré-Cœur.

22 juin. — S. PAULIN, év. de Nole, conf.

C'est parce que Jésus nous aimait ardemment qu'il a voulu s'unir à nous dans la sainte Eucharistie, afin que nous fussions une même chose avec lui, selon la doctrine des Saints. « Vous voulûtes, ô Dieu d'amour ! que votre Cœur et le nôtre ne forment qu'un seul cœur », dit saint Laurent Justinien ; et J.-C. dit lui-même : « Celui qui mangera ma chair demeurera en moi et moi en lui. »

(S. ALPHONSE DE LIGUORI.)

PRIERE. — Mon Dieu, mon unique bien, vous êtes tout pour moi, que je sois tout pour vous.

RESOLUTION. — Nous donner à Jésus dans la communion.

23 juin. — SAINT LIÉBERT,
évêque de Cambrai et d'Arras.

Le chef-d'œuvre de l'amour de notre Jésus l'œuvre de son Cœur, fut l'institution de l'adorable Eucharistie. Son âme s'y reposait avec délices, et si la prévision de l'ingratitude d'un grand nombre d'âmes remplissait son Cœur sacré d'une immense amertume, cette même prévision lui montrait aussi des âmes qui ne seraient pas ingrates. Pour se consoler, il aimait à les grouper autour de son Cœur, à jouir par anticipation de l'amour qu'elles auraient pour lui.

PRIERE. — Mon Dieu, mon unique bien, vous êtes tout pour moi, que je sois tout pour vous.

RESOLUTION. — Remercier Jésus de l'institution de l'Eucharistie.

24 juin. — NATIVITÉ DE S. J.-BAPTISTE

Dieu dispose avec un ordre admirable tout le tissu de ses desseins. Il voulait rendre célèbre la naissance de saint Jean-Baptiste, et voilà que, sous prétexte d'une civilité ordinaire, Dieu réunit ceux qui devaient être témoins de la gloire de Jean-Baptiste la répandre et s'en souvenir. (BOSSUET.)

Le Cœur de Jésus veillait sur son Précurseur; c'est lui qui, par sa divine présence, avait fait tressaillir le saint enfant dans le sein de sa Mère. C'est lui qui, à sa naissance, le glorifia.

PRIERE. — Mon Dieu, mon unique bien, vous êtes tout pour moi, que je sois tout pour vous.

RESOLUTION. — Remercier le Cœur de Jésus de son amour pour saint Jean-Baptiste.

25 juin. — **SAINT GUILLAUME**, confes.

N'était-ce pas assez, Cœur de Jésus, pour exciter en nous la faim et la soif du sacrement de votre amour, de nous en avoir découvert les effets merveilleux ? Non, ce Cœur craint de notre part une indifférence qui le blesse, il emploie les sollicitations; il y joint le précepte accompagné de menaces. Il faut aimable Jésus, ou s'asseoir à la table de votre festin sacré ou s'attendre à périr éternellement. (Mgr DE FUMEL.)

PRIERE. — Mon Dieu, mon unique bien, vous êtes tout pour moi, que je sois tout pour vous.

RESOLUTION. — Exciter en nous le désir de la communion.

26 juin. — **SS. JEAN et PAUL**, martyrs.

Quand la grande voix de la Savoyarde avertira la cité que le Sauveur la bénit, que tous les cœurs chrétiens s'unissent dans la prière et fassent monter vers le ciel le cri de l'espérance et du repentir : COR JESU SACRATISSIMUM, MISERERE NOBIS, Cœur Sacré de Jésus, ayez pitié de nous. (CARDINAL RICHARD.)

PRIERE. — Mon Dieu, mon unique bien, vous êtes tout pour moi, que je sois tout pour vous

RESOLUTION. — Prier souvent pour la France.

27 juin. — **SAINT CRESCENT**, martyr.

Parmi toutes les dévotions, après la sainte communion, il n'en est pas de plus agréable à Dieu et de plus avantageuse pour nous que celle de rendre de fréquentes visites à Jésus-Christ sur ses saints autels. Détachons-nous de la compagnie des hommes pour aller goûter les douceurs ineffables de la compagnie de notre adorable Sauveur. Le temps que nous consacrerons en présence de ce divin Sacrement nous procurera les plus grands avantages durant notre vie et la plus douce consolation à la mort.

(S. Alphonse de Liguori.)

PRIERE. — Mon Dieu, mon unique bien, vous êtes tout pour moi, que je sois tout pour vous.

RESOLUTION. — Visiter régulièrement le Saint-Sacrement (1).

28 juin. — LES MARTYRS DE LYON

Une lettre écrite en 178 par les Eglises de Vienne et de Lyon, nous fournit une citation précieuse en faveur de la dévotion au Sacré-Cœur.

Tous les martyrs le diacre Sanctus en par-

---

(1) Dans la plupart des grands séminaires de France, il est d'usage que les séminaristes, chaque après-midi, adorent Jésus-Christ au Saint-Sacrement d'une manière successive et perpétuelle; ainsi pendant ces heures d'adoration Jésus n'est jamais seul. Oh! qu'il serait à désirer que ce pieux usage se pratiquât aussi dans les autres communautés et les paroisses, et que dans les paroisses importantes et surtout dans les villes, cette adoration eût lieu le matin et le soir! Jésus est toujours présent dans nos tabernacles, toujours il y est offensé; ne devrait-il pas toujours recevoir nos adorations et nos réparations? Fiat! Fiat!

ticulier, restèrent fermes au milieu des plus cruels tourments, « arrosés et fortifiés qu'ils étaient par la Source céleste de cette eau vive qui jaillit du côté du Christ ». c'est-à-dire du Sacré-Cœur. Allons puiser à la même source et nous aurons la même force.

PRIERE. — Mon Dieu, mon unique bien, vous êtes tout pour moi, que je sois tout pour vous.

RESOLUTION. — Mettre notre confiance dans le Sacré-Cœur.

29 juin.— LES APOTRES SAINT PIERRE et SAINT PAUL.

Oh ! qu'une âme peinée et résignée est agréable à Jésus lorsqu'elle fait tout ce qui est en elle pour ne se rendre coupable d'aucune infidélité volontaire ! Et pourtant ne vous inquiétez pas, si vous en commettez : le médecin est là pour les guérir.

Aimez beaucoup et ce feu sacré aura bientôt réduit en cendres toutes les imperfections de votre piété. Je ne puis m'entretenir plus longtemps avec vous. Je souhaite que le Cœur de Jésus veille sur vous.

(MARIE-EUSTELLE, jour de sa mort.)

PRIERE. — Mon Dieu, mon unique bien, vous êtes tout pour moi, que je sois tout pour vous.

RESOLUTION. — Nous consoler dans le Cœur de Jésus.

30 juin. — SAINT MARTIAL, apôtre, évêque de Limoges.

Faites tous vos efforts, disait saint François de Sales, pour assister tous les jours à la Sainte Messe, afin d'offrir avec le prêtre le sacrifice de votre Rédempteur à Dieu son Père, pour vous et pour toute l'Eglise. La messe est la prière des prières, le soleil des exercices spirituels. Aussi, selon la pensée d'un pieux auteur, « le sanctuaire où se célèbre la Sainte Messe doit être le rendez-vous de toutes les âmes dévotes au Sacré-Cœur qui ont à adresser à Dieu une louange un remerciement, une demande, un pardon ».

PRIERE. — Mon Dieu, mon unique bien, vous êtes tout pour moi, que je sois tout pour vous.

RESOLUTION. — Assister à la messe aussi souvent que possible.

MOIS DE JUILLET

1er juillet. — S. GALL, évêque et confesseur.

O charité suprême, le désir de s'attacher nos cœurs par vos aimables liens l'a fait consentir à ce que son Cœur y reçût une blessure visible, qui montrât la blessure invisible que vous lui avez faite. Ah ! comment pouvait-il nous montrer plus sensiblement l'ardeur dont vous le consumiez, qu'en permettant que non seulement son corps, mais son Cœur même fût percé d'une lance ? Qui pourrait ne pas aimer un Cœur blessé de la sorte ?

(S. Bernard.)

PRIERE. — Mon Dieu, mon unique bien, vous êtes tout pour moi, que je sois tout pour vous.

RESOLUTION. — Rendre à Jésus amour pour amour.

2 juillet. — LA VISITATION
DE LA B. VIERGE MARIE.

Voilà, dit un jour la sainte Vierge aux religieuses de la Visitation, en leur montrant le Cœur de Jésus, voilà ce divin trésor qui vous est particulièrement manifesté par le tendre amour que mon Fils a pour votre institut. Il faut que non seulement celles qui le composent s'enrichissent de ce trésor inépuisable, mais encore qu'elles distribuent cette précieuse monnaie de tout leur pouvoir, avec abondance, en tâchant d'en enrichir tout le monde, sans craindre qu'il défaille ; car plus elles y prendront, plus il y aura à prendre.

PRIERE. — Mon Dieu, mon unique bien, vous êtes tout pour moi, que je sois tout pour vous.

RESOLUTION. — Prier pour le progrès de l'ordre de la Visitation.

3 juillet.— S. IRÉNÉE, év. de Lyon et mart.

Louange et gloire vous soient rendues, ô Jésus, pour la très sainte plaie de votre côté. Par cette plaie sainte, par l'infinie miséricorde que vous avez montrée en voulant que votre Cœur fût ouvert, daignez me délivrer de tous les maux passés, présents et à venir ; accordez-moi une foi vive, une espérance ferme et une charité parfaite, afin que je vous aime de tout mon cœur, de toute mon âme et de toutes mes forces. (Ste CLAIRE.)

PRIERE. — Mon Dieu, mon unique bien, vous êtes tout pour moi, que je sois tout pour vous.

RESOLUTION. — Réciter souvent cette prière de sainte Claire.

4 juillet. — SAINT ULRIC, évêque et conf.

Si vous voulez obtenir le pardon de toutes vos négligences à mon service, ayez une tendre dévotion envers mon Cœur, car il est le trésor de toutes les grâces que je vous fais sans cesse. Il est lui-même la source de ces consolations intérieures, de ces douceurs ineffables dont je comble mes fidèles amis. (*Paroles de N.-S. à sainte Mechtilde.*)

PRIERE. — Mon Dieu, mon unique bien, vous êtes tout pour moi, que je sois tout pour vous.

RESOLUTION. — Chercher la consolation dans le Sacré-Cœur.

5 juillet. — S. A.-M. ZACHARIE, conf.

La Providence, par une conduite miséricordieuse, appelle les Français à se dévouer au Cœur sacré de Jésus, à reconnaître son règne parmi nous, règne qui ne s'impose pas par la violence, mais par la vérité, par la justice, par la charité. Puissions-nous, dans cette consécration au Sacré-Cœur de Jésus, obtenir que la véritable union des cœurs se fasse parmi nous dans la charité !

(Le Cardinal Richard.)

PRIERE. — Mon Dieu, mon unique bien, vous êtes tout pour moi, que je sois tout pour vous.

RESOLUTION. — Demander au Sacré-Cœur l'union entre les catholiques.

6 juillet. — SAINTE MECHTILDE, vierge.

Dieu a donné son divin Cœur à l'âme afin qu'elle se donne à lui. Si elle s'offre à lui avec confiance, il la conduira de telle façon que l'homme sera en quelque sorte dans l'heureuse impossibilité de commettre des fautes graves; en contemplant habituellement le Cœur de Dieu, il y verra sans peine ce qu'il aime et demande de ses serviteurs. Est-il dans la tristesse, il doit recourir aussitôt avec assurance au trésor qui lui a été confié, et lui demander les consolations dont il a besoin. (Ste MECHTILDE.)

PRIERE. — Mon Dieu, mon unique bien, vous êtes tout pour moi, que je sois tout pour vous.

RESOLUTION. — Mettre toute notre confiance dans le Cœur de Jésus.

7 juillet. — Les SS. CYRILLE et MÉTHODE
évêques et confesseurs.

Je ne saurais croire que les personnes consacrées à ce Sacré-Cœur périssent, ni qu'elles tombent sous la domination de Satan par le péché mortel, c'est-à-dire si, après s'être données tout à lui, elles tâchent de l'honorer, aimer et glorifier de tout leur pouvoir, en se conformant en tout à ses saintes maximes. Il n'y a pas de plus court chemin pour arriver à la perfection ni de plus sûr moyen de salut que d'être consacré à ce divin Cœur. (LA B. MARGUERITE-MARIE.)

PRIERE. — Mon Dieu, mon unique bien, vous êtes tout pour moi, que je sois tout pour vous.

RESOLUTION. — Nous consacrer au Sacré-Cœur

8 juillet.— Ste ELISABETH DE HONGRIE

Elevez aussi souvent qu'il vous sera possible votre cœur et votre esprit. et plongez-les dans le Cœur aimable de Jésus. dans ce Cœur véritablement divin, puisque, selon l'apôtre, la plénitude de la Divinité y habite corporellement, et que c'est par ce même Cœur que nous pouvons tous avoir accès près du Père céleste. (LANSPERGE.)

PRIERE. — Mon Dieu, mon unique bien, vous êtes tout pour moi, que je sois tout pour vous.

RESOLUTION. — Elever notre esprit vers le Sacré-Cœur.

9 juillet. — S. HONESTE, évêque et martyr.

Comme le Fils de Dieu a fixé son séjour dans le sein du Père, ainsi son Eglise a établi son nid dans le Cœur de son Bien-Aimé. et entrant par l'ouverture de ce côté sacré. elle s'y repose en paix ; elle y cache ses enfants à l'abri des orages. Autel sacré, retraite invisible où la tourterelle gémissante met en sûreté ses petits jusqu'au jour où, déployant leurs ailes. ils revêtiront d'immortalité ce corps corruptible.

(S. THOMAS DE VILLENEUVE.)

PRIERE. — Mon Dieu, mon unique bien, vous êtes tout pour moi, que je sois tout pour vous.

RESOLUTION. — Fixer notre séjour dans le Cœur de Jésus.

10 juillet. — SAINTE FÉLICITÉ
et ses SEPT FILS, martyrs.

L'âme la plus dépouillée et dénuée de tout possédera davantage le Cœur de Jésus. Oubliez-vous vous-même et abandonnez-vous à lui, il pensera et aura soin de vous. En vous oubliant vous-même, vous le posséderez, et en vous abandonnant à lui, il vous possédera. Et quel plus grand bien que de n'être rien au monde et à nous-mêmes pour être possédés de Dieu, et de ne posséder que lui seul ! (LA B. MARGUERITE-MARIE.)

PRIERE. — Mon Dieu, mon unique bien, vous êtes tout pour moi, que je sois tout pour vous.

RESOLUTION. — Détacher notre cœur des choses de la terre.

11 juillet. — SAINT PIE I, pape et martyr.

Sainte Thérèse disait que J.-C., ce grand Roi de gloire, s'est revêtu des espèces du pain dans le Saint-Sacrement pour nous encourager à nous approcher avec plus de confiance de son divin Cœur. N'ayons donc qu'une crainte : celle de traiter avec peu de confiance avec notre Dieu. Si nous voulons plaire à son Cœur, traitons ordinairement avec lui avec le plus de confiance que nous pourrons. (S. ALPHONSE DE LIGUORI.)

PRIERE. — Mon Dieu, mon unique bien, vous êtes tout pour moi, que je sois tout pour vous.

RESOLUTION. — Avoir une confiance sans bornes dans le Sacré-Cœur de Jésus.

12 juillet. — SAINT JEAN GUALBERT,
confesseur.

Allons, mes frères, entrons dans cet aimable Cœur pour n'en sortir jamais. Mon Dieu, si l'on ressent tant de consolations au seul souvenir du Sacré-Cœur, que sera-ce d'y entrer et d'y demeurer toujours? Attirez-moi tout à fait dans ce Cœur! ô mon aimable Jésus, ouvrez-le-moi, ce Cœur. Mais quoi! la plaie même de ce Cœur ne m'invite-t-elle pas à y entrer? (S. BERNARD.)

PRIERE. — Mon Dieu, mon unique bien, vous êtes tout pour moi, que je sois tout pour vous.

RESOLUTION. — Entrer dans le Cœur de Jésus.

13 juillet. — S. ANACLET, pape et martyr.

O tendresse du Cœur de Jésus! O bon et doux Jésus! que vous rendrai-je, que souffrirai-je pour toutes les peines que vous avez endurées pour moi? Je vous aimerai de tout mon cœur. Votre côté a été ouvert par la lance, mes aveux vous ouvriront mon cœur et vous montreront ma blessure. Votre côté blessé est pour moi un enseignement qui m'inculque l'amour de Dieu et du prochain. (S. ANSELME.)

PRIERE. — Mon Dieu, mon unique bien, vous êtes tout pour moi, que je sois tout pour vous.

RESOLUTION. — Ouvrir notre cœur à l'amour du Sacré-Cœur.

14 juillet. — SAINT BONAVENTURE,
évêque, confesseur et docteur.

Un jour, saint Thomas demanda à saint Bonaventure dans quel livre il avait puisé sa science. Celui-ci lui montra une image du Christ crucifié tout usée à l'endroit de la cicatrice du Cœur. « Voilà, dit-il, toute ma bibliothèque, c'est là mon seul livre, car tout ce que je sais, je le tiens de ce livre de vie. » Ce livre me rappelle le volume que Dieu ordonna à son prophète d'écrire sur des tables de bois découvertes, afin que tout le monde pût le lire.

PRIÈRE. — Mon Dieu, mon unique bien, vous êtes tout pour moi, que je sois tout pour vous.

RÉSOLUTION. — Baiser la plaie du côté de Jésus.

15 juillet. — SAINT HENRI, empereur.

Si le Cœur de Jésus n'existait pas, Dieu ne recevrait pas la gloire, l'adoration qui lui est due; car toute créature est impuissante à rendre à Dieu des devoirs proportionnés à l'étendue de ses grandeurs. Mais, par le Cœur de Jésus, qui est le Cœur d'un Homme-Dieu, la Trinité Sainte reçoit une adoration véritable, des prières, des devoirs qui ne peuvent être rendus que par la créature. (Mgr BAUDRY.)

PRIÈRE. — Mon Dieu, mon unique bien, vous êtes tout pour moi, que je sois tout pour vous.

RÉSOLUTION. — Unir nos adorations à celles de Jésus.

16 juillet. — N.-D. DU MONT-CARMEL.

O Marie, notre Mère, soyez notre salut, ne résistez plus aux supplications et aux larmes de vos enfants. Priez pour nous, intercédez pour nous auprès de votre divin Fils, arrêtez son bras vengeur, souvenez-vous que vous êtes la Reine de la France et sauvez votre royaume.

PRIERE. — Mon Dieu, mon unique bien, vous êtes tout pour moi, que je sois tout pour vous.

RESOLUTION. — Prier Marie de sauver la France.

17 juillet. — S. ALEXIS, confesseur.

Une âme pieuse voudrait, comme le disciple bien-aimé, poser sa tête sur le sein de Jésus et y puiser les secrets de son Cœur adorable. Elle voudrait s'être trouvée au pied de la croix avec sa sainte Mère; avoir eu, comme elle, le cœur percé d'un glaive de douleur. Ame chrétienne, le Sauveur t'a laissé dans son Eucharistie tout ce que tu regrettes, tout ce que tu peux désirer. Il y a renfermé pour toi tous les mystères de son amour. (LE P. GROU.)

PRIERE. — Mon Dieu, mon unique bien, vous êtes tout pour moi, que je sois tout pour vous.

RESOLUTION. — Méditer les mystères d'amour renfermés dans l'Eucharistie.

18 juillet. — S. CAMILLE DE LELLIS,
confesseur.

Saint Camille de Lellis, qui avait une tendre dévotion au Sacré-Cœur, fut on ne peut plus consolé dans sa dernière maladie par la vue d'une image de Jésus crucifié. On y voyait un groupe d'anges recueillir, dans des calices, le sang qui coulait des plaies du Sauveur et le présenter au Père céleste. Cette vue procura au Saint un grand soulagement; il expira les yeux fixés sur le Cœur miséricordieux de Jésus.

PRIERE. — Mon Dieu, mon unique bien, vous êtes tout pour moi, que je sois tout pour vous.

RESOLUTION. — Contempler amoureusement la plaie du Sacré-Cœur.

19 juillet. — S. VINCENT DE PAUL, conf.

Il existe un centre qui attire tous les mondes, où ils trouveront leur éclat, leur chaleur, leur stabilité; ce foyer quel est-il, sinon le Cœur même de Jésus? Oui, le Cœur de Jésus est le foyer véritable de toute pensée et de tout amour.

Puisse mon amour, ô mon Jésus, comme votre Cœur, porter toujours cette lumière, d'où s'échappe la chaleur, cette science qui produit l'amour, et être toujours un foyer de vie! (Mgr BAUDRY.)

PRIERE. — Mon Dieu, mon unique bien, vous êtes tout pour moi, que je sois tout pour vous.

RESOLUTION. — Chercher la vie et les vertus surnaturelles dans le Cœur de Jésus.

20 juillet. — S. JEROME EMILIEN, conf.

Toute personne qui, obsédée par les tentations humaines, se jette sous ma protection avec la ferme espérance d'en être délivrée, est du nombre de ceux dont je puis dire : « Voilà mon unique colombe qui a percé mon Cœur par un de ses regards. Elle m'est si chère, que si je ne pouvais pas la secourir, mon Cœur en recevrait une affliction telle que toutes les délices célestes seraient incapables d'en adoucir l'amertume. » *(Paroles de N.-S. à sainte Gertrude.)*

PRIERE. — Mon Dieu, mon unique bien, vous êtes tout pour moi, que je sois tout pour vous.

RESOLUTION. — Nous confier dans le Sacré-Cœur.

21 juillet. — SAINT VICTOR et ses COMPAGNONS, martyrs.

L'âme la plus mortifiée sera la plus caressée du Sacré-Cœur. La croix est le partage de vos élus en cette vie. La croix est un trésor inestimable, la croix est ma gloire, l'amour m'y conduit, l'amour me possède, l'amour me suffit. La croix, le mépris, les douleurs, les afflictions sont les vrais trésors de vos amants. O mon doux Jésus, l'unique amour de mon cœur, toute la grâce que je vous demande c'est que je vive et meure victime de votre Sacré-Cœur.

(LA B. MARGUERITE-MARIE.)

PRIERE. — Mon Dieu, mon unique bien, vous êtes tout pour moi, que je sois tout pour vous.

RESOLUTION. — Embrasser la mortification avec courage.

22 juillet. — Ste MARIE-MADELEINE.

Lorsque le corps de Jésus fut descendu de la croix, Marie-Madeleine s'en approcha et, comme la douleur paralysait sa langue, elle fit parler son *cœur:* « Mon cœur, dit-elle, s'est bouleversé dans mon sein parce que je suis remplie d'amertume en voyant les cruelles blessures de Jésus, mais surtout son très divin Cœur blessé pour mon amour. » Elle prodigua alors ses adorations au Cœur transpercé de Jésus.

PRIERE. — Mon Dieu, mon unique bien, vous êtes tout pour moi, que je sois tout pour vous.

RESOLUTION. — Contempler les plaies de Jésus ,surtout celle de son Cœur.

23 juillet.— S. APOLLINAIRE, év. et mart.

Usez de temps en temps de certains traits d'amour envers Jésus-Christ, par des élévations simples, mais ardentes et fréquentes, le suppliant de remplir votre âme de ses sentiments, et, entre autres, du sentiment qui inclinait son Cœur vers l'humiliation. Vous le conjurerez de détruire en vous ce désir tout naturel à tous les hommes qui porte à rechercher l'estime, la flatterie et l'applaudissement des créatures. (M. OLIER.)

PRIERE. — Mon Dieu, mon unique bien, vous êtes tout pour moi, que je sois tout pour vous.

RESOLUTION. — Demander au Sacré-Cœur la participation à ses dispositions intérieures.

24 juillet.— Ste CHRISTINE, vierge et mart.

Si nous sommes dans un abîme de privations et de désolations, entrons dans ce divin Cœur: c'est toute notre consolation dans laquelle il nous faut perdre, sans désirer d'en sentir la douceur.

Si nous nous trouvons dans un abîme de résistance et d'opposition à la volonté de Dieu, il nous le faut abîmer dans celui de soumission et conformité au bon plaisir du Sacré-Cœur. (La B. MARGUERITE-MARIE.)

PRIERE. — Mon Dieu, mon unique bien, vous êtes tout pour moi, que je sois tout pour vous.

RESOLUTION. — Chercher la consolation et la force dans le Sacré-Cœur.

25 juillet. — S. JACQUES LE MAJEUR, apôtre.

Quand vous vous trouverez dans le trouble et l'inquiétude, allez vous abîmer dans ce Cœur adorable, que personne ne pourra vous ôter.

Lorsque vous vous trouverez dans un abîme d'amertume et de souffrance, abîmez-vous dans le Sacré-Cœur de Jésus, où vous trouverez un trésor de joie qui vous rendra soumise à tout ce qu'il voudra et fera. Tenez-vous-y toujours en silence, sans vous plaindre.
(La B. MARGUERITE-MARIE.)

PRIERE. — Mon Dieu, mon unique bien, vous êtes tout pour moi, que je sois tout pour vous.

RESOLUTION. — Confier au Sacré-Cœur nos troubles et nos souffrances.

26 juillet. — SAINTE ANNE, mère de la Très Sainte Vierge.

O bienheureuse sainte Anne, daignez me recevoir au nombre de vos véritables serviteurs. Entourez-moi de votre efficace protection. Obtenez-moi d'aimer ardemment Jésus et Marie et de remplir avec fidélité mes devoirs d'état. Assistez-moi à l'heure de ma mort, afin que je puisse avec vous louer et bénir le Verbe divin fait Homme.

PRIERE. — Mon Dieu, mon unique bien, vous êtes tout pour moi, que je sois tout pour vous.

RESOLUTION. — Avoir une tendre dévotion à sainte Anne.

27 juillet.— S. DESIRÉ, év. de Besançon, conf.

Si vous trouvez en vous un abime d'ingratitude pour les grands biens que vous avez reçus de Dieu, allez vous abimer dans le divin Cœur, qui est une source de reconnaissance de laquelle il vous remplira, si vous l'en priez.

Si vous voyez en vous un abime de promptitude et de colère, allez l'abimer dans celui de douceur de l'aimable Cœur de Jésus, afin qu'il vous rende douce et humble.

(LA B. MARGUERITE-MARIE.)

PRIERE. — Mon Dieu, mon unique bien, vous êtes tout pour moi, que je sois tout pour vous.

RESOLUTION. — Demander au Sacré-Cœur la reconnaissance et la douceur.

28 juillet.— SS. NAZAIRE et CELSE, mart.

Si vous êtes dans un abime de misères, allez les abîmer dans ce Cœur adorable qui est tout rempli de miséricorde.

Si vous vous trouvez dans un abime d'orgueil et de vaine estime de vous-même, abimez-vous dans celui de l'humilité du Sacré-Cœur.

Si vous êtes dans un abime d'ignorance, allez vous abîmer dans l'aimable Cœur, où vous apprendrez à l'aimer et à faire ce qu'il désire de vous. (La B. Marguerite-Marie.)

PRIERE. — Mon Dieu, mon unique bien, vous êtes tout pour moi, que je sois tout pour vous.

RESOLUTION. — Abîmer notre misère dans le Cœur de Jésus.

29 juillet. — SAINTE MARTHE, vierge.

Si quelqu'un offre absolument sa volonté au bon plaisir de Dieu, quelles que soient les adversités qui le menacent, il fait une chose aussi agréable à Dieu que la compassion de celui qui, pendant la passion, eût appliqué sur les Plaies du Sauveur les plus adoucissants remèdes. Cœur sacré de Jésus, daignez m'accorder la force nécessaire pour supporter avec courage cette peine dans l'intérêt de votre éternelle gloire et du salut de l'univers entier. (Ste Gertrude.)

PRIERE. — Mon Dieu, mon unique bien, vous êtes tout pour moi, que je sois tout pour vous.

RESOLUTION. — Supporter patiemment les tribulations qui nous arrivent.

30 juillet. — Les SS. ABDON et SENNEN, martyrs.

Ah ! que je me plais à considérer dans le Cœur de Jésus les ressorts de cette Providence admirable, qui, d'un bout du monde à l'autre, atteint à ses fins avec autant de douceur que de force ! Il en est le mobile, il les prépare et les dispose à son gré. O Cœur infiniment saint du Verbe fait chair, objet infiniment digne de notre amour, que le ciel et la terre vous louent et vous adorent à jamais. (Mgr DE FUMEL.)

PRIERE. — Mon Dieu, mon unique bien, vous êtes tout pour moi, que je sois tout pour vous.

RESOLUTION. — Admirer la bonté du Sacré-Cœur.

31 juillet. — SAINT IGNACE, confesseur.

Ame de Jésus-Christ, sanctifiez-moi,
Cœur de Jésus-Christ, embrasez-moi,
Corps de Jésus-Christ, sauvez-moi,
Sang de Jésus-Christ, enivrez-moi,
Eau sortie du côté de Jésus-Christ, lavez-moi.
Passion de Jésus-Christ, fortifiez-moi,
O bon Jésus ! exaucez-moi,
Entre vos blessures, cachez-moi,
Ne permettez pas que je me sépare de vous,
De l'ennemi malin défendez-moi.
A l'heure de ma mort appelez-moi,
Et faites-moi venir à vous,
Pour qu'avec vos Saints, je vous loue. Amen.

(Prière chère à saint Ignace.)

PRIERE. — Mon Dieu, mon unique bien, vous êtes tout pour moi, que je sois tout pour vous.

RESOLUTION. — Réciter cette prière avec ferveur.

MOIS D'AOUT

1er août. — SAINT PIERRE-ÈS-LIENS.

Pierre fut enchaîné par Hérode et délivré par un ange. Si l'on m'eût dit : « Choisis ce que tu voudras. Veux-tu être l'ange délivrant Pierre, ou Pierre enchaîné ? » Certainement j'eusse choisi d'être Pierre. Ces chaînes sont un plus grand don que d'arrêter le soleil, de remuer le monde, de dominer les démons et de les chasser. Qui me donnera, ô Jésus, d'être à vous si étroitement par les nœuds d'amour partant de votre Cœur, qu'il me soit impossible d'en être jamais séparé ?

(S. JEAN CHRYSOSTOME.)

PRIÈRE. — Mon Dieu, mon unique bien, vous êtes tout pour moi, que je sois tout pour vous.

RÉSOLUTION. — Enchaîner notre cœur à celui de Jésus par les liens de l'amour.

2 août. — S. ALPHONSE DE LIGUORI,
évêque, confesseur et docteur.

Mon aimable Rédempteur, quel objet plus digne d'amour que vous votre Père éternel pouvait-il me commander d'aimer ? Dans votre Cœur siègent toutes les vertus. O Cœur aimable de mon Jésus, vous méritez bien l'amour de tous les cœurs ; il est bien pauvre et malheureux le cœur qui ne vous aime pas !

O Dieu ! mon cœur était dans ce malheur, durant tout le temps que je ne vous aimais point. Mais je ne veux point continuer à être malheureux, je vous aime et je veux toujours vous aimer, ô mon Jésus !

(S. Alphonse de Liguori.)

PRIERE. — Mon Dieu, mon unique bien, vous êtes tout pour moi, que je sois tout pour vous.

RESOLUTION. — Faire un acte d'amour envers le Cœur de Jésus.

3 août. — L'INVENTION DE S. ETIENNE,
premier martyr.

N.-S. J.-C. se tient à la porte de nos âmes, il frappe : Ecce sto ad ostium et pulso. Mais à l'intérieur, rien ne répond. Vainement il promet la parole de vie, on y préfère les maximes du siècle et les doctrines mondaines. Vainement il voudrait allumer le feu de son amour, un autre amour l'y a précédé et on ne veut pas qu'il l'éteigne, ce feu des passions, cette fièvre de jouissances, cette soif d'honneurs et de distinctions.

(Mgr de la Bouillerie.)

PRIERE. — Mon Dieu, mon unique bien, vous êtes tout pour moi, que je sois tout pour vous.

RESOLUTION. — Répondre à Jésus qui nous appelle.

4 août. — SAINT DOMINIQUE, confesseur.

La veille de la fête de saint Dominique, sainte Catherine de Sienne vit en esprit Dieu le Père produisant son Fils, et elle vit en même temps, du Cœur même du Père Eternel, sortir un autre fils en qui elle reconnut saint Dominique. Et une voix lui dit : « Voilà les deux fils que j'ai engendrés, l'un par nature, l'autre par adoption. De même que le

Fls que j'ai engendré de toute éternité con-
sacra toute sa vie au salut des âmes, ainsi
Dominique, mon fils adoptif, n'eut d'autre
but que de délivrer les âmes des pièges de
l'erreur et du vice. »

PRIERE. — Mon Dieu, mon unique bien, vous
êtes tout pour moi, que je sois tout pour vous.

RESOLUTION. — Vénérer saint Dominique
comme l'enfant de prédilection de Dieu.

5 août. — NOTRE-DAME DES NEIGES.

Marie a reçu une si grande plénitude de la
grâce qu'elle est parvenue à une union très
intime avec l'auteur de la grâce et a mérité
de recevoir en elle celui qui est rempli de toutes grâces ; en l'enfantant, elle a en quelque
manière fait découler la grâce sur tous les
hommes. (S. Thomas.)

PRIERE. — Mon Dieu, mon unique bien, vous
êtes tout pour moi, que je sois tout pour vous.

RESOLUTION. — Demander à Marie une
participation à sa sainteté.

6 août. — LA TRANSFIGURATION DE NOTRE-SEIGNEUR JÉSUS-CHRIST

Enfants de Dieu, Jésus vous regarde avec
bienveillance ; il découvre sur vous sa face
bénigne. Il montre un visage terrible lorsqu'une conscience coupable fait que Dieu
nous paraît un juge avec une face irritée ;
mais, lorsqu'au milieu d'une bonne vie il fait
naître dans les consciences une certaine séré-
nité, il montre alors un visage ami ; le fidèle

qui espère en lui ne le voit plus que comme un bon père qui l'invite doucement à soi.

(BOSSUET.)

PRIERE. — Mon Dieu, mon unique bien, vous êtes tout pour moi, que je sois tout pour vous.

RESOLUTION. — Purifier notre âme et la transfigurer.

7 août. — Les SS. JUST et PASTEUR, mart.

Je veux reposer ma tête sur votre Cœur et reposer votre Cœur sur le mien. Je veux que la fusion soit parfaite, que la vie et tous les battements de mon cœur soient pour vous. Répandez-y la semence de votre parole féconde, qu'elle y germe des fruits de salut. Ah! ce ne sera pas moi qui prêterai l'oreille aux enchantements mortels de l'esprit du monde; je hais le monde, parce que vous l'avez haï. (Mgr DE LA BOUILLERIE.)

PRIERE. — Mon Dieu, mon unique bien, vous êtes tout pour moi, que je sois tout pour vous.

RESOLUTION. — Ecouter Jésus qui nous parle.

8 août. — S. CYRIAQUE et ses compagnons, martyrs.

O mon Dieu, donnez-moi, donnez toujours de cette eau vive qui sort de votre Cœur, ou plutôt laissez-moi entrer en vous, me perdre en vous et ne plus en sortir. Que dans l'immensité de votre être divin je trouve tout ce qu'il me faut pour traverser le désert de cette vie, et n'avoir plus de ces soifs brûlantes qui, jusque-là, avaient fait le tourment de ma vie!

(Mgr LANDRIOT.)

PRIERE. — Mon Dieu, mon unique bien, vous êtes tout pour moi, que je sois tout pour vous.

RESOLUTION. — Puiser la grâce dans le Sacré-Cœur.

9 août. — S. AFRIQUE, évêque et confes.

Imitez N.-S. par la patience des travaux, tant intérieurs qu'extérieurs, et dans la douceur et l'humilité, les deux vertus de son Cœur qu'il veut que nous apprenions de lui.

O doux Jésus! tirez-moi toujours plus avant dans votre Cœur, afin que votre amour m'engloutisse et que je sois tout abimée en sa douceur. (Ste Jeanne de Chantal.)

PRIERE. — Mon Dieu, mon unique bien, vous êtes tout pour moi, que je sois tout pour vous.

RESOLUTION. — Imiter la patience et la douceur du Cœur de Jésus au milieu de nos peines.

10 août. — S. LAURENT, diacre et martyr.

Il mérite bien d'être célébré, ce Cœur incomparable. C'est le Cœur d'un Dieu fait Homme pour nous racheter : nous lui devons donc des hommages d'adoration. C'est le Cœur de notre Sauveur qui a été plongé dans la tristesse à cause de nos péchés ; nous lui devons donc des hommages de repentir. C'est le Cœur du Père des miséricordes ; nous lui devons donc des hommages de confiance. Enfin, c'est le Cœur du Dieu de charité ; nous lui devons donc des hommages d'amour.

PRIERE. — Mon Dieu, mon unique bien, vous êtes tout pour moi, que je sois tout pour vous.

RESOLUTION. — Honorer le Cœur de Jésus.

11 août. — Ste PHILOMÈNE, vierge et mart.

L'adorable Cœur de Jésus veut établir dans tous les Cœurs le règne de son pur amour en ruinant et détruisant celui de Satan : et il me semble qu'il en a un si grand désir qu'il promet de grandes récompenses à tous ceux qui, de bonne volonté, s'y emploieront de tout leur pouvoir, suivant les lumières et les moyens qu'il leur en donnera. Qu'heureux sont ceux dont il se sera servi pour établir son règne ! (LA B. MARGUERITE-MARIE.)

PRIÈRE. — Mon Dieu, mon unique bien, vous êtes tout pour moi, que je sois tout pour vous.

RÉSOLUTION. — Répandre la dévotion au Sacré-Cœur.

12 août. — SAINTE CLAIRE, vierge.

Sainte Claire avait la sainte coutume de ne laisser passer aucun jour sans rendre des hommages au Cœur si adorable et si aimable de Jésus. Tous les jours elle saluait et adorait le Sacré-Cœur de Jésus, et Dieu, pour récompenser la fidélité de sa servante, ne manquait jamais, tandis qu'elle vaquait à cet exercice, de combler son âme des plus pures délices. A son exemple, rendons chaque jour nos hommages au Sacré-Cœur et nous recevrons les mêmes grâces.

PRIÈRE. — Mon Dieu, mon unique bien, vous êtes tout pour moi, que je sois tout pour vous.

RÉSOLUTION. — Honorer chaque jour le Sacré-Cœur.

13 août. — Les SS. HIPPOLYTE
et CASSIEN, martyrs.

O Dieu, que c'est une rare pièce qu'un cœur vraiment humble, parce qu'on le trouve toujours plus bas qu'on ne le saurait mettre ! C'est posséder un trésor et une monnaie propre à acheter le ciel et le Cœur de Dieu que d'avoir la possession d'un grain de vraie humilité. (Ste JEANNE DE CHANTAL.)

PRIERE. — Mon Dieu, mon unique bien, vous êtes tout pour moi, que je sois tout pour vous.

RESOLUTION. — Exercer notre cœur à la vertu d'humilité.

14 août. — SAINT EUSÈBE, confesseur.

M. Vianney n'avait qu'une pensée, une seule, mais celle-là ardente, généreuse, active, infatigable : aimer et faire aimer Jésus..., Jésus et rien que Jésus !... Toute la vie du vénérable curé d'Ars est là. « Si nous savions, disait-il, combien le Cœur de Jésus nous aime, nous mourrions de plaisir. C'est si beau la charité ! C'est un écoulement du Cœur de Jésus qui est tout amour...

PRIERE. — Mon Dieu, mon unique bien, vous êtes tout pour moi, que je sois tout pour vous.

RESOLUTION. — Aimer le Sacré-Cœur qui nous aime tant.

15 août. — L'ASSOMPTION
DE LA B. VIERGE MARIE.

Je vis l'immense bonté de Dieu le Père sous le symbole du Cœur de Jésus : ce divin

Cœur était comme un globe de feu. Les rayons de sa lumière inondaient tous les espaces et venaient concentrer toute leur activité dans le Cœur très aimable de Marie, que je voyais semblable à un beau soleil tout brillant de clarté; c'était du Cœur de cette Mère bénie de Dieu et des hommes, que ces rayons réfléchis partaient de nouveau pour aller illuminer et embraser toute la terre.

(R. P. DE HOYOS.)

PRIERE. — Mon Dieu, mon unique bien, vous êtes tout pour moi, que je sois tout pour vous.

RESOLUTION. — Demander à Marie la dévotion au Sacré-Cœur.

16 août. — SAINT ROCH, confesseur.

Les affaires qui regardent Dieu sont bien différentes de celles du monde: dans celles-ci il faut beaucoup agir; dans celles de Dieu, il faut se contenter de suivre ses inspirations, puis laisser agir la grâce La dévotion au Sacré-Cœur ne veut être forcée ni contrainte. Il suffit de la faire connaître, puis de laisser à ce divin Cœur le soin de pénétrer de l'onction de sa grâce les cœurs qu'il s'est destinés. Heureux ceux qui seront de ce nombre !

(LA B. MARGUERITE-MARIE.)

PRIERE. — Mon Dieu, mon unique bien, vous êtes tout pour moi, que je sois tout pour vous.

RESOLUTION. — Etre prudent dans la diffusion de la dévotion au Sacré-Cœur.

17 août.— OCTAVE DE SAINT LAURENT.

Savez-vous pourquoi N.-S. J.-C. a voulu n'avoir le Cœur transpercé qu'après sa mort ? Ah ! c'est que les blessures faites sur un corps vivant peuvent se cicatriser à force de ligaments et de remèdes, mais les blessures faites sur un corps mort ne se cicatrisent jamais et restent toujours béantes, toujours ouvertes. (LE R. P. COLIN.)

PRIERE. — Mon Dieu, mon unique bien, vous êtes tout pour moi, que je sois tout pour vous.

RESOLUTION. — Nous rappeler que le Cœur de Jésus est ouvert pour nous recevoir.

18 août. — SAINT AGAPET, martyr.

Les prières communes ont un grand pouvoir auprès du Sacré-Cœur, lequel détourne les rigueurs de la divine justice, se mettant entre elle et les pécheurs pour obtenir miséricorde. Ah ! que de bonheur pour ceux qui contribuent à l'établissement du règne du Sacré-Cœur ! Car ils s'attirent par là l'amitié et les bénédictions éternelles de cet aimable Cœur de Jésus et un puissant protecteur pour notre patrie.(LA B. MARGUERITE-MARIE.)

PRIERE. — Mon Dieu, mon unique bien, vous êtes tout pour moi, que je sois tout pour vous.

RESOLUTION. — Prier en union avec les âmes dévouées au Sacré-Cœur.

19 août. — S. LOUIS, év. de Toulouse, conf

Il le faut aimer ce divin Cœur, en telle sorte que nous ne vivions plus, ni ne respirions plus que pour lui et par lui. Son pur amour est le seul qui nous doive posséder, faire agir et souffrir; car il n'est jamais oisif dans un cœur. Livrons donc sans réserve les nôtres à ses ardeurs, afin que nous l'aimions de tout l'être qu'il nous a donné; que tout soit soumis, que tout fléchisse, que tout obéisse à ce divin amour.

(LA B. MARGUERITE-MARIE.)

PRIERE. — Mon Dieu, mon unique bien, vous êtes tout pour moi, que je sois tout pour vous.

RESOLUTION. — Nous livrer complètement à l'amour du Sacré-Cœur.

20 août. — S. BERNARD, abbé, docteur.

Que votre Cœur, ô aimable Jésus, est un riche trésor! C'est dans ce sanctuaire que je louerai le nom du Seigneur. Je dirai avec David: « J'ai trouvé le Cœur de Jésus, mon roi, mon frère, mon ami, et avec ce Cœur toujours dans mon esprit, comment ne l'adorerais-je pas? Ce Cœur, j'ose le dire, est le mien: car J.-C. est mon chef; comment ce qui est à mon chef ne serait-il pas à moi? Ayant donc trouvé votre Cœur et le mien, ô aimable Jésus, je vous prierai, vous qui êtes mon Dieu. (St BERNARD.)

PRIERE. — Mon Dieu, mon unique bien, vous êtes tout pour moi, que je sois tout pour vous.

RESOLUTION. — Offrir à Dieu les adorations de Jésus.

21 août. — SAINTE JEANNE-FRANÇOISE DE CHANTAL.

L'âme qui possède la parfaite simplicité croit ne rien faire, et de cette manière sa sainteté est cachée à ses yeux et à sa connaissance. Dieu seul la voit et se plaît dans cette divine simplicité, par laquelle elle ravit son Cœur, en s'unissant à lui par un amour pur, tout simple et tout fidèle.

(Ste JEANNE DE CHANTAL.)

PRIERE. — Mon Dieu, mon unique bien, vous êtes tout pour moi, que je sois tout pour vous.

RESOLUTION. — Nous conduire envers Dieu avec une grande simplicité.

22 août. — SAINT TIMOTHÉE ET SES COMPAGNONS, martyrs.

Aimons le Cœur de Jésus, donnons tout et sacrifions tout pour avoir ce bonheur, et nous aurons tout en possédant le Cœur sacré de N.-S. J.-C. Notre cœur n'est fait que pour Dieu. Malheur à lui s'il se contente de moins que de Dieu, ou s'il se laisse brûler de quelque autre feu que de son pur amour. Si on savait qu'il est doux d'aimer Dieu, il n'est rien qu'on ne souffrit pour avoir ce saint amour. (LA B. MARGUERITE-MARIE.)

PRIERE. — Mon Dieu, mon unique bien, vous êtes tout pour moi, que je sois tout pour vous.

RESOLUTION. — Aimer le Cœur de Jésus.

23 août. — S. PHILIPPE BÉNITI, conf.

Saint Philippe Béniti aimait à jeter les yeux sur la plaie très aimable du Cœur de Jésus crucifié et blessé pour notre amour. Et lorsqu'il se vit dans les étreintes du dernier combat, il s'écria : « Donnez-moi mon livre. » Les assistants lui offrirent l'un son bréviaire, l'autre un autre volume ; mais le Saint leur montra des yeux le livre qu'il voulait : c'était son crucifix, usé par ses doigts. « Voilà mon livre », leur dit-il, et il le baisa avec un saint transport, et rendit à Dieu sa belle âme.

PRIERE. — Mon Dieu, mon unique bien, vous êtes tout pour moi, que je sois tout pour vous.

RESOLUTION. — Baiser souvent notre crucifix.

24 août. — SAINT BARTHÉLEMY, apôtre.

Oh ! il faut aimer de toutes nos forces l'aimable Cœur de Jésus, quoi qu'il nous en doive coûter. Nous ne devons plus respirer que flammes et amour, pur amour crucifiant et tout sacrifié par une continuelle immolation de nous-mêmes au bon plaisir divin, afin qu'il s'accomplisse parfaitement en nous, nous contentant d'aimer et de le laisser faire, soit qu'il nous abaisse ou qu'il nous élève, qu'il nous console ou qu'il nous afflige.

(La B. Marguerite-Marie.)

PRIERE. — Mon Dieu, mon unique bien, vous êtes tout pour moi, que je sois tout pour vous.

RESOLUTON. — Nous sacrifier pour le Sacré-Cœur.

25 août. — SAINT LOUIS, roi de France.

Où pourrions-nous trouver un Cœur plus tendre que le Cœur de Jésus ? Cette bonté le fit descendre du ciel en terre. Pour nous obtenir le pardon de nos péchés, il ne s'épargna pas lui-même, et il voulut se sacrifier sur la croix. Avant de vous offenser, ô mon Rédempteur, je ne méritais aucune des grâces que vous m'avez faites en si grand nombre. Mais en vous offensant, je me suis rendu indigne de vos faveurs. O Cœur compatissant de mon Jésus, ayez pitié de moi.

(S. Alphonse de Liguori.)

PRIERE. — Mon Dieu, mon unique bien, vous êtes tout pour moi, que je sois tout pour vous.

RESOLUTION. — Recourir à la miséricorde infinie du Sacré-Cœur.

26 août. — S. ZÉPHIRIN, pape et martyr.

Pourquoi J.-C. désire-t-il que nous le recevions dans la sainte communion ? Saint Thomas nous l'apprend : Les vrais amis voudraient être tellement unis qu'ils ne fussent plus qu'un. C'est ainsi que l'amour immense de Dieu pour nous fait qu'il se laisse posséder par les hommes ici-bas en se donnant à eux tout entier sous les apparences du pain dans l'Eucharistie.(S. Alphonse de Liguori.)

PRIERE. — Mon Dieu, mon unique bien, vous êtes tout pour moi, que je sois tout pour vous.

RESOLUTION. — Communier fréquemment.

27 août. — S. JOSEPH DE CALASANCE,
confesseur.

En l'état d'impuissance et de tentations, l'âme simple, à la façon de notre B. Père, se laisse aller très simplement à la merci de la divine miséricorde, par un simple acquiescement à tout ce que sa bonté voudra faire d'elle, sans le vouloir même sentir ni en faire l'acte : mais avec la suprême pointe de l'esprit, elle se borne à résister au mal en méprisant ce qu'il suggère et garde ainsi la paix, se contentant de savoir que Dieu est son Dieu et que rien ne lui arrivera qui ne parte de son Cœur adorable, infini en bonté, puissance et amour. (Ste J. DE CHANTAL.)

PRIERE. — Mon Dieu, mon unique bien, vous êtes tout pour moi, que je sois tout pour vous.

RESOLUTION. — Nous abandonner à la miséricorde du Cœur de Jésus.

28 août. — S. AUGUSTIN, év. d'HIPPONE.
confesseur et docteur.

La plaie du côté de Jésus est un refuge assuré : de là, je découvre avec délices ce Cœur si plein de bonté. Longin m'en a ouvert l'entrée avec amour et j'y repose avec sécurité. Que celui qui craint aime ! La charité chasse la crainte ! (S. AUGUSTIN.)

PRIERE. — Mon Dieu, mon unique bien, vous êtes tout pour moi, que je sois tout pour vous.

RESOLUTION. — Nous cacher dans le Cœur de Jésus.

29 août. — DÉCOLLATION DE SAINT JEAN-BAPTISTE.

Rien au monde ne saurait être aussi avantageux pour nous que la communion.. Elle nous délivre des fautes journalières et nous préserve des péchés mortels. Elle réprime, dit saint Bernard, les mouvements de la colère et de l'incontinence ; elle nous procure une grande paix et nous rend ainsi doux et facile le chemin de la perfection.

(S. Alphonse de Liguori.)

PRIERE. — Mon Dieu, mon unique bien, vous êtes tout pour moi, que je sois tout pour vous.

RESOLUTION. — Puiser dans la communion la force chrétienne.

30 août. — Ste ROSE DE LIMA, vierge.

N.-S. J.-C. avait miraculeusement dessiné l'image de son Cœur sur la poitrine de sainte Rose de Lima, Elle en fut si reconnaissante qu'elle ne pouvait rencontrer dans ses lectures le nom de J.-C. sans se sentir enflammée d'une ardeur céleste. Ami du Sacré-Cœur, le Cœur de Jésus s'applique sur le vôtre, quand vous le recevez à la table sainte ; contemplez alors avec reconnaissance l'objet de votre amour.

PRIERE. — Mon Dieu, mon unique bien, vous êtes tout pour moi, que je sois tout pour vous.

RESOLUTION. — Méditer les beautés du Cœur de Jésus.

31 août. — S. RAYMOND NONNAT, conf.

O mon âme, jetez-vous, après la sainte communion, dans les bras de l'amoureuse providence du Cœur de Jésus. Faites à ce divin Cœur une entière donation de tout votre être spirituel et corporel. Prenez votre cœur, comme s'il était en vos mains, offrez-le au Sacré-Cœur et le lui consacrez, afin qu'il y règne absolument.

(La B. Marguerite-Marie.)

PRIERE. — Mon Dieu, mon unique bien, vous êtes tout pour moi, que je sois tout pour vous.

RESOLUTION. — Nous donner au Sacré-Cœur

MOIS DE SEPTEMBRE

1er septembre. — SAINT GILLES, abbé.

Le véritable amour est indépendant des situations et des circonstances ; il se fait sentir au Jardin des Oliviers comme sur le Thabor, dans les honneurs comme dans les opprobres, dans les malheurs comme dans la prospérité, dans l'abondance comme dans la disette, dans les tentations comme dans le calme et la tranquillité. Dans tous les temps et dans tous les lieux, l'âme du vrai fidèle est également attachée à Dieu.

(Mgr de Villecourt.)

PRIERE. — Mon Dieu, mon unique bien, vous êtes tout pour moi, que je sois tout pour vous.

RESOLUTION. Aimer Jésus dans l'épreuve comme dans la joie.

**2 septembre. — SAINT ETIENNE,
roi de Hongrie, confesseur.**

Voilà les blessures que je reçois de mon peuple choisi ; les autres se contentent de frapper sur mon corps, ceux-ci attaquent mon Cœur, qui n'a jamais cessé de les aimer. N'y aura-t-il personne qui veuille compatir et prendre part à ma douleur dans le pitoyable état où les pécheurs me mettent ?... Je cherche une victime pour mon Cœur ;... je veux que tu supplées à l'ingratitude des hommes par les mérites de mon Sacré-Cœur... (*N.-S. à la B. Marguerite-Marie.*)

PRIERE. — Mon Dieu, mon unique bien, vous êtes tout pour moi, que je sois tout pour vous.

RESOLUTION. — Compatir aux douleurs de Jésus.

3 septembre. — S. JUST, év. de Lyon, conf.

O Seigneur Jésus, qui avez promis de vous trouver là où deux ou trois seront assemblés en votre nom, voici nos cœurs unis d'un même accord pour adorer, louer et aimer le vôtre. Mais comme nous ne pouvons rien de nous-mêmes, nous vous supplions, ô très adorable Jésus, par l'infinie bonté de votre Sacré-Cœur, de soutenir les nôtres, afin que jamais rien ne nous sépare de vous.

(LA B. MARGUERITE-MARIE.)

PRIERE. — Mon Dieu, mon unique bien, vous êtes tout pour moi, que je sois tout pour vous.

RESOLUTION. — Prier en union avec le Sacré-Cœur.

4 septembre. — Les SS. MARCEL
et VALÉRIEN, martyrs.

O Cœur, ô Cœur très aimant de mon Jésus, donnez l'élan à ma pauvre langue pour exprimer quelles douces prérogatives vous rendaient si bon, si plein de douceur, de bénignité, si compatissant que pour amollir les cœurs saint Paul ne croyait pouvoir trouver de moyen plus efficace que de les supplier par la mansuétude et la modestie de J.-C. (LE B. LÉONARD DE PORT-MAURICE.)

PRIÈRE. — Mon Dieu, mon unique bien, vous êtes tout pour moi, que je sois tout pour vous.

RÉSOLUTION. — Considérer les amabilités du Sacré-Cœur.

5 septembre. — S. LAURENT JUSTINIEN, évêque et confesseur.

O pécheur, lorsque Satan te réclamait comme son esclave, J.-C. fit sienne la cause portée contre toi. Il présenta son sang, et à ce prix il obtint la sentence de ta liberté. Le titre en fut écrit sur la chair de Jésus crucifié; il fut confirmé par le baiser de la justice et de la paix, qui se rencontrèrent. On y imprima finalement le sceau, je veux dire la PLAIE du Cœur, qui présente constamment aux yeux du Père le prix de notre rédemption et d'une satisfaction digne de lui.

(S. LAURENT JUSTINIEN.)

PRIÈRE. — Mon Dieu, mon unique bien, vous êtes tout pour moi, que je sois tout pour vous.

RÉSOLUTION. — Remercier le Cœur de Jésus de notre délivrance.

6 septembre. — S. ÉLEUTHÈRE, abbé.

Père saint, je vous dois un honneur, des adorations, des actions de grâces et des satisfactions infinies. Je n'ai point de moi-même de quoi payer toutes ces dettes, n'ayant rien et n'étant rien. Mais voilà le divin Cœur de votre Fils bien-aimé, je vous l'offre pour satisfaire aux obligations que j'ai de vous adorer, de vous rendre grâces, de vous satisfaire pour mes péchés, de me donner à vous et de vous prier, par ce même Cœur, de m'accorder toutes les grâces dont j'ai besoin.

(Le V. P. Eudes.)

PRIERE. — Mon Dieu, mon unique bien, vous êtes tout pour moi, que je sois tout pour vous.

RESOLUTION. — Offrir le Cœur de Jésus à Dieu.

7 septembre. — Ste REINE, vierge et mart.

O cher et adorable Jésus, voici à vos pieds celui qui a tant contrarié votre Cœur très aimable. O Dieu, comment ai-je pu remplir de tant d'amertume un Cœur qui m'a tant aimé et qui n'a rien épargné pour se faire aimer de moi? Mais consolez-vous, ô mon Sauveur; sachez que mon cœur, blessé par la grâce de votre saint amour, éprouve présentement un tel regret des déplaisirs qu'il vous a causés qu'il voudrait en mourir de douleur. (La B. Marguerite-Marie.)

PRIERE. — Mon Dieu, mon unique bien, vous êtes tout pour moi, que je sois tout pour vous.

RESOLUTION. — Faire amende honorable au Sacré-Cœur.

8 septembre. — LA NATIVITÉ DE LA B. VIERGE MARIE

Parcourez l'Evangile, et si vous trouvez en

Marie la moindre pensée qui sente la dureté, oh ! je consens à vous voir hésiter à vous approcher d'elle Mais non, Marie ouvre à tous le sein de sa miséricorde ; les malades en recevront la santé, les affligés la consolation, les pécheurs le pardon, les justes la grâce, les anges la joie. (S. BERNARD.)

PRIERE. — Mon Dieu, mon unique bien, vous êtes tout pour moi, que je sois tout pour vous.

RESOLUTION. — Demander à Marie sa bénédiction.

9 septembre. — **SAINT GORGON, martyr.**

Lorsqu'on veut détruire la religion, on commence par attaquer le prêtre, parce que là où il n'y a plus de prêtre, il n'y a plus de sacrifice, il n'y a plus de religion. Si je rencontrais un prêtre et un ange, je saluerais le prêtre avant de saluer l'ange. Celui-ci est l'ami de Dieu, mais le prêtre tient sa place .Le sacerdoce, c'est l'amour du Cœur de Jésus. Quand vous voyez le prêtre, pensez à N.-S. J.-C. (LE V. CURÉ D'ARS.)

PRIERE. — Mon Dieu, mon unique bien, vous êtes tout pour moi, que je sois tout pour vous.

RESOLUTION. — Respecter le prêtre.

10 septembre. — **SAINT NICOLAS DE TOLENTINO, évêque et confesseur.**

Voilà le divin Cœur de votre Fils bien aimé, que vous m'avez donné : je vous l'offre pour satisfaire aux obligations que j'ai de vous adorer et de vous honorer, de vous louer de vous glorifier, de vous aimer, de vous rendre grâces, de vous satisfaire pour mes péchés, de me donner à vous et de vous prier, par ce même Cœur, de m'accorder toutes les grâces dont j'ai besoin.

(Le V. P. Eudes.)

PRIERE. — Mon Dieu, mon unique bien, vous êtes tout pour moi, que je sois tout pour vous.

RESOLUTION. — Offrir le Cœur de Jésus à Dieu le Père.

11 septembre. — LES SS. PROTE et HYACINTHE, martyrs.

Un trait d'ingratitude bien sensible au Cœur de Jésus, c'est l'oubli et l'abandon où on le laisse dans ses temples; car il y est réellement oublié et abandonné d'un grand nombre de fidèles. Il est à leur égard comme s'ils ne savaient pas qu'il y fût; ils ne pensent guère plus à lui que s'il n'y était pas.

(Le P. de Galjjfet.)

PRIERE. — Mon Dieu, mon unique bien, vous êtes tout pour moi, que je sois tout pour vous.
RESOLUTION. — Visiter la Ste Eucharistie.

12 sept. — S. SERDOT, év. de Lyon, conf.

La blessure du Cœur de Jésus est pour chacun de nous un refuge assuré dans toutes les peines. Dans toutes les adversités et dans toutes les angoisses, recourez donc à ce Cœur blessé. Si le plaisir vous attire, si la tristesse vous écrase, ne craignez point, vous avez un endroit où vous pouvez être en

sûreté, c'est le Cœur entr'ouvert de Jésus.
(LUDOLPHE LE CHARTREUX.)

PRIERE. — Mon Dieu, mon unique bien, vous êtes tout pour moi, que je sois tout pour vous.

RESOLUTION. — Nous réfugier dans le Sacré-Cœur.

13 septembre. — SAINT MAURILLE, évêque d'Angers, confesseur.

Heureuse l'âme qui s'abandonne entièrement à la volonté de Dieu ! En quelque événement que ce soit, elle prononcera ainsi de cœur le saint acquiescement du Sauveur : « Oui, mon Père, puisque tel est votre bon plaisir. » Qu'il soit fait de moi et en moi selon le bon plaisir de votre Cœur, pour lequel je veux vivre et mourir comme il lui plaira, sans réserve et sans exception quelconque. Oh ! vive Jésus ! qui est mort pour notre cœur et qu'à jamais notre cœur meure en l'amour de ce doux Sauveur.
(S. FRANÇOIS DE SALES.)

PRIERE. — Mon Dieu, mon unique bien, vous êtes tout pour moi, que je sois tout pour vous.

RESOLUTION. — Nous abandonner au bon plaisir de Dieu.

14 septembre. — L'EXALTATION DE LA TRES SAINTE CROIX

Vous voilà donc élevé sur la croix, ô Jésus, placé entre le ciel et la terre. exposé aux yeux de tout l'univers. Je vous adore. ô Fils du Dieu vivant: je me prosterne devant vous et je reconnais que vous êtes mon unique espérance Faites que je sente les douleurs cruelles que vous souffrez, et que je voie les dispositions de votre Cœur, la soumission, la paix, le silence et l'amour.

(LE P. THOMAS DE JÉSUS.)

PRIERE. — Mon Dieu, mon unique bien, vous êtes tout pour moi, que je sois tout pour vous.

RESOLUTION. — Compatir aux douleurs de Jésus.

15 septembre. — S. NICOMÈDE, martyr.

Le Cœur de Jésus embrasse tous les fidèles ; c'est là où nous sommes tous réunis pour être consommés dans l'unité. C'est ce Cœur qui parlait quand il disait : « Mon Père, je veux que là où je suis, mes disciples y soient aussi avec moi. » Il ne distrait personne ; il nous appelle tous ses enfants, et nous devons nous aimer dans les entrailles de J.-C. Aimons-nous donc dans le Cœur de Jésus.

(BOSSUET.)

PRIERE. — Mon Dieu, mon unique bien, vous êtes tout pour moi, que je sois tout pour vous.

RESOLUTION. — Nous aimer dans le Sacré-Cœur.

16 septembre. — SS. CORNEILLE et CYPRIEN, martyrs.

Les SS. Pères en contemplant le Cœur de Jésus percé d'une lance, y découvrirent des mystères sublimes et en firent leurs délices. Plongés dans un ravissement d'admiration devant ce divin Cœur, ils en voyaient sortir l'Eglise toute rayonnante de beauté. Jésus, dit saint Cyprien, ayant eu le côté percé, il en coula du sang et de l'eau, d'où fut formée la sainte Eglise.

PRIERE. — Mon Dieu, mon unique bien, vous êtes tout pour moi, que je sois tout pour vous.

RESOLUTION. — Considérer l'Eglise comme l'épouse du Christ.

17 septembre. — LES STIGMATES DE SAINT FRANÇOIS.

J.-C. fit un jour entendre à saint François qu'il porterait dans son corps la représentation vivante du supplice de la Croix. En même temps commencèrent à se former dans les membres de François les empreintes de la crucifixion. Ses mains et ses pieds furent percés, son côté fut marqué, comme s'il eût été percé d'une lance, d'une cicatrice rouge, d'où coula, dans la suite, du sang qui humecta sa tunique et ses vêtements. Par là son cœur était mis en communication avec le Cœur de Jésus, et il ressentit quelque chose des douleurs immenses de ce divin Cœur.

PRIERE. — Mon Dieu, mon unique bien, vous êtes tout pour moi, que je sois tout pour vous.

RESOLUTION. — Honorer les stigmates de saint François.

18 sept. — S. JOSEPH DE CUPERTINO, confesseur.

O Jésus très clément, plein d'amour pour les âmes, je vous en conjure par l'agonie de votre très saint Cœur, et par les douleurs de votre Mère immaculée, lavez dans votre

sang les pécheurs du monde entier qui sont maintenant en agonie et qui mourront aujourd'hui même. Cœur agonisant de Jésus, ayez pitié des mourants.
(*Prière indulgenciée.*)

PRIERE. — Mon Dieu, mon unique bien, vous êtes tout pour moi, que je sois tout pour vous.

RESOLUTION. — Réciter cette prière pour nous préparer à la mort.

19 septembre. — SAINT JANVIER, ET SES COMPAGNONS, martyrs.

O beauté suprême de mon Jésus ! elle allait jusqu'à faire impression sur les cœurs les plus durs : et vous, ô hommes ingrats, ô chrétiens insensibles ! d'où avez-vous donc sorti votre cœur ? Est-il possible qu'il ne s'attendrisse pas un peu aux invitations si amoureuses d'une beauté si rare ? Ah ! touchez-la de la main votre insensibilité ; pourquoi, pourquoi n'aimez-vous pas Jésus ? Ah ! c'est que vous ne le connaissez pas.
(Le B. Léonard de Port-Maurice.)

PRIERE. — Mon Dieu, mon unique bien, vous êtes tout pour moi, que je sois tout pour vous.

RESOLUTION — Etudier le Cœur de Jésus pour le mieux aimer.

20 septembre. — SAINT EUSTACHE ET SES COMPAGNONS, martyrs.

Le Cœur de J.-C. est à vrai dire la fontaine du paradis, où les souffrances des Saints se changent en douceurs. Lorsqu'il était sur la Croix, il les fit toutes passer par ce Sacré-Cœur, il en voulut sentir la douleur, afin de les adoucir, et les rendre précieuses à ses élus. C'est de là que venait la joie des martyrs. (LE P. NOUET.)

PRIERE. — Mon Dieu, mon unique bien, vous êtes tout pour moi, que je sois tout pour vous.

RESOLUTION. — Se réjouir dans le Sacré-Cœur

21 septembre. — SAINT MATHIEU, apôtre et évangéliste.

Ame chrétienne, vous êtes aimée du Cœur de Jésus et vous ne pensez pas à lui; c'est pour vous qu'il inspira ses évangélistes d'écrire les touchants mémoires de sa tendresse: à chaque chapitre, il choisira lui-même dans cette belle histoire de son Cœur le souvenir qu'il veut que vous méditiez. Chaque fois vous en détacherez une page, que vous consacrerez au Cœur de Jésus, en le priant de l'accepter comme un souvenir de votre cœur reconnaissant. (LE P. DESJARDINS.)

PRIERE. — Mon Dieu, mon unique bien, vous êtes tout pour moi, que je sois tout pour vous.

RESOLUTION. — Lire avec reconnaissance un chapitre de l'évangile de saint Mathieu.

22 septembre. — SAINT THOMAS DE VILLENEUVE, évêque et confesseur.

Mais Jésus n'attendit pas que la croix lui fût imposée par le bourreau; de lui-même, il la prit avec empressement et la mit sur ses épaules couvertes de plaies. « Viens, dit-il alors, croix chérie : il y a trente-trois ans que je soupire après toi, je t'embrasse, je te presse contre mon Cœur, puisque tu es l'autel sur lequel j'ai résolu le sacrifice de ma vie pour mes brebis. »

(S. Thomas de Villeneuve.)

PRIERE. — Mon Dieu, mon unique bien, vous êtes tout pour moi, que je sois tout pour vous.

RESOLUTION — Accepter les croix qui nous arrivent.

23 septembre. — S. LIN, pape et martyr.

Parler au Cœur de Jésus-Christ, c'est parler à Jésus-Christ lui-même; c'est le prier, honorant spécialement en lui le feu de la charité qui le consume pour nous. Le Cœur de Jésus rend seul sur la terre, aux trois personnes divines, tous les hommages qui leur sont dus; et les hommes s'unissant au Cœur de Jésus, offrent par lui, aux trois personnes divines, des sacrifices de louanges qui leur sont infiniment agréables.

(Mgr de Fumel.)

PRIERE. — Mon Dieu, mon unique bien, vous êtes tout pour moi, que je sois tout pour vous.
RESOLUTION. — Nous unir aux hommages que le Sacré-Cœur rend à la sainte Trinité.

24 sept. — NOTRE-DAME DE LA MERCI.

Le Cœur de Jésus était tout d'amour pour la sainte Vierge, sa Mère. Ne serait-ce pas mépriser sa chair, que de ne pas aimer fortement cette sainte Vierge, du sang de la quelle elle était formée, tellement qu'il est impossible que le Cœur du divin Jésus ne fût pas pénétré de l'amour de Marie, sa Mère très pure. (BOSSUET.)

PRIERE. — Mon Dieu, mon unique bien, vous êtes tout pour moi, que je sois tout pour vous.

RESOLUTION. — Aimer Marie à l'imitation de Jésus.

25 septembre. — SAINT LOUP, évêque de Lyon, confesseur.

Il y a trois sortes de larmes: les unes que nous arrache la perte des biens terrestres ; rien de plus vain que ces larmes ; les autres que nous arrachent le repentir de nos fautes et la pensée des douleurs du Cœur de Jésus, et elles sont douces et salutaires ; enfin l'impénitence a aussi ses larmes, elles sont amères et sans utilité. (S. EPHREM.)

PRIERE. — Mon Dieu, mon unique bien, vous êtes tout pour moi, que je sois tout pour vous.

RESOLUTION. — Pleurer à la vue de nos fautes et des douleurs de Jésus.

26 septembre. — SAINT CYPRIEN et SAINTE JUSTINE, martyrs.

Deux pensées occupent mon âme tout entière, qu'elles plongent à la fois dans les plus mortelles frayeurs : la première, c'est cette longue suite de péchés que je n'ai cessé de commettre dans tout le cours de ma vie ; la seconde, c'est le compte terrible qui m'en sera demandé au jour du jugement. Une pensée a relevé mon courage abattu : c'est que la pénitence m'obtiendra ma grâce du Cœur de Jésus mort pour moi. (S. EPHREM.)

PRIERE. — Mon Dieu, mon unique bien, vous êtes tout pour moi, que je sois tout pour vous!
RESOLUTION. — Demander grâce au Cœur de Jésus.

27 septembre. — SAINT ELZÉAR et SAINTE DELPHINE.

Si vous voulez me trouver, cherchez-moi dans la plaie de Jésus-Christ; c'est là que j'habite, j'y suis en sûreté et j'y goûte des douceurs amères et des amertumes pleines de douceurs, dont mon âme reçoit une consolation indicible

(S. Elzéar écrivant à Ste Delphine.)

PRIERE. — Mon Dieu, mon unique bien, vous êtes tout pour moi, que je sois tout pour vous.
RESOLUTION. — Habiter dans la plaie du Sacré-Cœur.

28 sept. — S. EXUPÈRE, év. de Toulouse.

O Jésus, qui acceptez le secours de Siméon le Cyrénéen et qui le récompensez comme sait faire un Dieu, ne refusez pas l'imperfection de mes faibles efforts; tout indigne que je suis de porter le nom de chrétien et d'avoir part à vos saints mystères, laissez-moi m'approcher de vous, laissez-moi mettre mes mains près de vos mains, mon cœur près de votre Cœur, et vous servir comme je le pourrai. (H. PERREYVE.)

PRIERE. — Mon Dieu, mon unique bien, vous êtes tout pour moi, que je sois tout pour vous.
RESOLUTION. — Aider Jésus à porter sa croix.

29 sept. — DÉDICACE DE S. MICHEL.

L'horizon peut paraître sombre et les nuages qui l'obscurcissent bien noirs. Mais regardez vers la colline des Martyrs et considérez la merveille qui s'achève, merveille de foi et de charité. Nous ne nous trompons pas en disant avec le Psalmiste : « J'ai levé les yeux vers la montagne et de là m'est venu le secours. » (LE CARDINAL COULLIÉ.)

PRIERE. — Mon Dieu, mon unique bien, vous êtes tout pour moi, que je sois tout pour vous.

RESOLUTION. — Exciter notre confiance dans le Sacré-Cœur.

30 septembre. — SAINT JÉROME, confesseur et docteur.

Tenez tous vos sens intérieurs et extérieurs dans le Sacré-Cœur par le profond silence que vous leur imposerez, silence intérieur par le retranchement de toutes les pensées inutiles et réflexions d'amour-propre, silence sur tout ce qui peut vous louer et vous excuser, blâmer et accuser les autres, silence sur les petites saillies de votre nature mortifiée, et ce silence sera pour honorer celui de Jésus solitaire au Saint-Sacrement. Par ce moyen vous apprendrez à converser avec son Sacré-Cœur et à l'aimer en silence.

(LA B. MARGUERITE-MARIE.)

PRIERE. — Mon Dieu, mon unique bien, vous êtes tout pour moi, que je sois tout pour vous.

RESOLUTION.— Vivre dans le recueillement.

MOIS D'OCTOBRE

MOIS DU T. S. ROSAIRE

1er octobre. — S. RÉMI, év. de Reims, conf.

S'il est vrai que la principale force et la sécurité d'un peuple reposent dans ses alliances, heureux le peuple dont Dieu lui-même s'est fait l'allié. Tel est le peuple de France! Le Seigneur l'a adopté dès sa naissance. Par la bouche prophétique de son pontife Rémi, il a signé un pacte avec lui en 496, et ce pacte tiendra et ce pacte durera.

(CARDINAL PIE.)

PRIERE. — Mon Dieu, mon unique bien, vous êtes tout pour moi, que je sois tout pour vous.

RESOLUTION. — Prier saint Rémi pour la France.

2 octobre. — FETE DES SAINTS ANGES.

Cœur adorable de Jésus, daignez exaucer les prières que les neuf Chœurs des Anges vous offrent pour nous; c'est pour votre gloire en même temps et pour notre salut qu'ils vous les adressent; accordez-nous les grâces qu'ils sollicitent en notre faveur, et rendez sur la terre nos cœurs tellement conformes au vôtre, qu'ils puissent lui être à jamais unis dans le ciel... (L'ABBÉ BAUDRAND.)

PRIERE. — Mon Dieu, mon unique bien, vous êtes tout pour moi, que je sois tout pour vous.

RESOLUTION. — Demander aux saints anges l'amour du Sacré-Cœur.

3 octobre. — SAINT CANDIDE, martyr.

O Sacré-Cœur de Jésus qui brûlez d'amour pour les hommes, quoique vous ne trouviez dans le cœur de ces mêmes hommes qu'oubli, que mépris ; vous aimez et vous n'êtes pas aimé. En réparation de tant d'outrages et de si cruelles ingratitudes, ô très adorable Cœur de mon Jésus, je vous offre mon cœur avec tous les mouvements dont il est capable ; je me donne tout entier à vous.

(LE V. P. DE LA COLOMBIÈRE.)

PRIERE. — Mon Dieu, mon unique bien, vous êtes tout pour moi, que je sois tout pour vous.

RESOLUTION. — Faire amende honorable au Sacré-Cœur.

4 octobre. — S. FRANÇOIS D'ASSISE, conf.

O Christ, l'amour t'a fait venir du ciel en terre ; tu es descendu jusqu'à cette bassesse d'aller par le monde comme un homme méprisé. Dans la vie comme dans la mort, tu n'as montré qu'un amour sans mesure qui te dévorait le Cœur.

> O Jésus, mon espérance,
> Que mon cœur soit transpercé
> Par le même coup de lance
> Dont votre Cœur fut blessé !

(S. FRANÇOIS D'ASSISE.)

PRIERE. — Mon Dieu, mon unique bien, vous êtes tout pour moi, que je sois tout pour vous.

RESOLUTION. — Laisser pénétrer notre cœur par l'amour.

5 octobre. — SAINT PLACIDE
et ses COMPAGNONS, martyrs.

Je veux vivre comme un enfant sans souci dans le Cœur de mon bon Père, lui laissant faire et disposer de moi selon son bon plaisir.. Je n'ai plus rien à voir sur moi-même ni en tout ce qu'il plaira à mon Sauveur de faire de moi et en moi. Le Sacré-Cœur de Jésus fera tout pour moi, si je le laisse faire; il voudra, il aimera, il désirera pour moi et suppléera à tous mes défauts... O Cœur de Jésus, je languis du désir d'être uni à vous.

(LA B. MARGUERITE-MARIE.)

PRIERE. — Mon Dieu, mon unique bien, vous êtes tout pour moi, que je sois tout pour vous.

RESOLUTION. — Avoir la confiance d'un enfant dans le Cœur de Jésus.

6 octobre. — SAINT BRUNO, confesseur.

Il faut que la force de la charité soit bien grande puisqu'elle a pu blesser le Cœur de Jésus ! O doux Sauveur, les traits de votre amour ont été bien aigus pour pouvoir transpercer votre poitrine et atteindre votre Cœur ! O âme chrétienne, réponds à cet amour par l'amour. Ne te contente pas une fois de blesser le Cœur de ton Bien-Aimé des traits de ton amour; jour et nuit lance de nouveaux traits, ajoute blessures sur blessures.

(LE V. HOROZCO.)

PRIERE. — Mon Dieu, mon unique bien, vous êtes tout pour moi, que je sois tout pour vous.

RESOLUTION. — Faire souvent des actes d'amour pour le Cœur de Jésus.

7 octobre. — Ste FOI, vierge et martyre.

Jetez dans la blessure du Cœur de Jésus tous vos péchés, afin qu'ils soient effacés et détruits par la bonté de J.-C.; cachez-y toutes vos bonnes œuvres, afin que la sainteté de Jésus les garde et les protège ; apportez dans ce divin Cœur tous les dons que vous avez reçus de Dieu, afin que, sous la protection de Jésus, ils deviennent plus considérables encore. (LANSPERGE.)

PRIERE. — Mon Dieu, mon unique bien, vous êtes tout pour moi, que je sois tout pour vous.

RESOLUTION. — Nous réfugier avec confiance dans le Cœur de Jésus.

8 octobre. — SAINTE BRIGITTE, veuve.

Abandonnez-vous sans réserve au soin amoureux du Cœur de Jésus et donnez-lui votre cœur. Regardez uniquement son Cœur aimant qui ne permettra jamais à sa main adorable de rien exécuter à votre égard que pour sa gloire et votre sanctification... Le Cœur de Jésus ne demande que votre confiance en sa bonté. Allez donc simplement avec Notre-Seigneur. Contentez-vous de l'aimer et de le laisser faire et cela seul suffit.

(LA B. MARGUERITE-MARIE.)

PRIERE. — Mon Dieu, mon unique bien, vous êtes tout pour moi, que je sois tout pour vous.

RESOLUTION. — Nous abandonner à la bonté du Cœur de Jésus.

9 octobre. — SAINT DENIS
et ses COMPAGNONS, martyrs.

Ce mont des martyrs, arrosé du sang des premiers apôtres de Paris, rappellera au chrétien à quel prix il doit conserver et défendre le trésor de la foi et quels austères devoirs celle-ci lui impose. Qu'à l'exemple de leurs aïeux, les catholiques français s'empressent de plus en plus à y aller en pèlerinage; et afin que leur prière monte plus puissante vers le ciel, qu'ils s'efforcent de lui donner pour soutien la charité, les bonnes œuvres. la pratique de toutes les vertus d'une vie foncièrementt chrétienne.

(Léon XIII.)

PRIERE. — Mon Dieu, mon unique bien, vous êtes tout pour moi, que je sois tout pour vous.

RESOLUTION. — Prier en union avec les pèlerins de Montmartre.

10 octobre. — S. Fr. DE BORGIA, confess.

O mon Seigneur! quand je contemple la blessure de votre côté entr'ouvert comme la porte du ciel ouverte à tous les pécheurs; quand je pense que vous avez, par le sang qui est sorti de votre Cœur, rendu à Longin lui-même qui l'a percé de la lance, l'usage de la vue, je vois la condamnation de mon envie; à cause d'elle je suis triste du bien qui arrive à mon prochain, et je vois sans éprouver aucune peine les malheurs qui le frappent. (S. François de Borgia.)

PRIERE. — Mon Dieu, mon unique bien, vous êtes tout pour moi, que je sois tout pour vous.

RESOLUTION. — Faire un acte de charité pour le prochain en l'honneur du S.-C.

11 octobre. — S. AGILBERT, év. et conf.

Quand votre âme est remplie de pensées dangereuses, de désirs mauvais, quand elle gémit sous le poids de la peine et de l'adversité, réfugiez-vous dans les plaies de Jésus ; mais allez surtout dans celle qui vous ouvre la porte de son Cœur ; cachez-vous dans son Cœur, attachez-vous à son Cœur, et au souvenir de tant de bontés, vous oublierez vos peines et vos angoisses. (LANSPERGE.)

PRIERE. — Mon Dieu, mon unique bien, vous êtes tout pour moi, que je sois tout pour vous.

RESOLUTION. — Confier nos peines au Sacré-Cœur.

12 octobre. — S. WILFRID, év. et confess.

Parents chrétiens, venez parler au cœur de vos chers enfants. Ah ! sans doute vous êtes sages quand vous vous préoccupez de leur avenir ; mais l'avenir éternel est le seul qui importe. Venez traiter ce grand intérêt avec Celui qui est le Maître des âmes et qui peut, par l'action mystérieuse de sa grâce, captiver les volontés. (LE CARDINAL COULLIÉ.)

PRIERE. — Mon Dieu, mon unique bien, vous êtes tout pour moi, que je sois tout pour vous.

RESOLUTION. — Confier nos intérêts au Sacré-Cœur.

13 octobre. — S. EDOUARD, roi et conf.

Il faut vous orner des vertus qui pourront vous rendre plus agréables au Cœur de Jésus, surtout de l'obéissance : il a été obéissant jusqu'à la mort de la croix et toujours il obéit aux prêtres sur nos autels ; de même il vous faut remettre entre les mains de l'obéissance pour obéir, vous laissant conduire et disposer de vous sans résistance ni réplique. (LA B. MARGUERITE-MARIE.)

PRIERE. — Mon Dieu, mon unique bien, vous êtes tout pour moi, que je sois tout pour vous.

RESOLUTION. — Pratiquer l'obéissance.

14 octobre. — S. CALIXTE, pape et martyr.

Le Sacré-Cœur aura un particulier amour pour vous, si vous vous tenez humble au dedans de vous-même, vous rendant doux et constant à souffrir les abjections et les humiliations qui sont quelquefois d'autant plus sensibles qu'elles sont petites et peu remarquables en apparence. Votre mot de guet sera : Voici l'heure de m'humilier et de témoigner à Dieu mon amour.

(LA B. MARGUERITE-MARIE.)

PRIERE. — Mon Dieu, mon unique bien, vous êtes tout pour moi, que je sois tout pour vous.

RESOLUTION. — Accepter les humiliations.

15 octobre. — SAINTE THÉRÈSE, vierge.

Si tu veux revenir au bien et à la vertu, considère le Seigneur, regarde comme il est suspendu à la croix, élevé et répandant son sang. Ses yeux sont tout baignés de larmes, son doux Cœur transpercé par amour… Songe à la blessure faite par la lance qui pénétra jusqu'au fond de son Cœur ; déplore en elle tous les péchés et tu obtiendras de connaitre Dieu de plus près.

(Ste MECTHILDE.)

PRIERE. — Mon Dieu, mon unique bien, vous êtes tout pour moi, que je sois tout pour vous.

RESOLUTION. — Considérer le Cœur transpercé de Jésus.

16 octobre. — SAINT BERTRAND,
évêque de Comminges et confesseur.

O l'unique bien-aimé de mon cœur, dont le Cœur est rempli de douceurs qui vous rendent infiniment aimable! Hélas! faut-il que ma pensée s'éloigne de vous! O Dieu de mon cœur! recueillez en vous tous les égarements de mon esprit. O mon bien-aimé, lavez par l'amour très ardent de votre Cœur transpercé, toutes les souillures de mon cœur, afin que ce doux Cœur soit mon éternelle demeure.

(Ste GERTRUDE.)

PRIERE. — Mon Dieu, mon unique bien, vous êtes tout pour moi, que je sois tout pour vous.

RESOLUTION. — Purifier nos âmes dans le Cœur de Jésus.

17 octobre.— LA B.MARGUERITE-MARIE
vierge.

Je te constitue héritière de mon Cœur et de tous ses trésors, te permettant d'en user selon tes désirs et je te promets que tu ne manqueras de secours que lorsque mon cœur manquera de puissance Tu en seras pour toujours la disciple bien-aimée et l'holocauste de ses désirs, et lui seul sera le plaisir de tous tes désirs, qui réparera et suppléera à tes défauts et t'acquittera de tes obligations. *(Paroles de N.-S. à la B. Marg.-Marie.)*

PRIERE. — Mon Dieu, mon unique bien, vous êtes tout pour moi, que je sois tout pour vous.

RESOLUTION. — Féliciter la B. Marguerite-Marie de ses rapports avec Jésus.

18 octobre. — SAINT LUC, évangéliste.

La B. Marguerite-Marie s'est montrée digne de sa sublime mission. Elle a mérité que N.-S. la choisit pour être l'héritière de son Cœur et que lui donnant ce Cœur enlacé d'une couronne d'épines et surmonté d'une croix, il l'envoyât dans les derniers temps pour dire aux hommes: « Voilà le Cœur qui vous a tant aimés et qui, malgré dix-huit siècles d'ingratitude et de péchés, vous aime encore, vous aimera jusqu'à la fin. »

(LE CARDINAL PERRAUD.)

PRIERE. — Mon Dieu, mon unique bien, vous êtes tout pour moi, que je sois tout pour vous.

RESOLUTION. — Honorer la B. Marguerite-Marie.

19 octobre. — S. P. D'ALCANTARA, confes.

Entendant un jour chanter à Noël l'évangile selon saint Jean, IN PRINCIPIO ERAT VERBUM, il se mit à contempler ce grand mystère, et fut tellement enflammé d'amour envers le Cœur de Jésus que, ravi en extase, il se sentit transporté en l'air à une longue distance jusqu'au pied du Saint-Sacrement. Tout ce qu'il voyait ou entendait ayant quelque rapport à son bien-aimé l'enflammait d'un tel amour qu'il ne pouvait en modérer l'ardeur.

PRIERE. — Mon Dieu, mon unique bien, vous êtes tout pour moi, que je sois tout pour vous.

RESOLUTION. — A l'exemple de ce saint, aimer le Cœur de Jésus.

20 octobre. — S. JEAN DE KENTY, conf.

Que toute grandeur s'abaisse et s'humilie à la vue de l'excellence du Cœur de Jésus ! Le Père lui confie sa toute-puissance ; le Verbe lui communique sa sagesse ; le Saint-Esprit l'embrase de sa charité ; en lui habite la plénitude de la divinité. Que dis-je, c'est son Cœur, le Cœur de l'Etre suprême, de l'arbitre de nos jours, du vainqueur de l'enfer, du Dieu de Sion ! (LE V. P. EUDES.)

PRIERE. — Mon Dieu, mon unique bien, vous êtes tout pour moi, que je sois tout pour vous.

RESOLUTION. — Nous abaisser à la vue des grandeurs du Cœur de Jésus.

21 octobre. — SAINTE CELINE.

Allons au Cœur de Jésus, nous y découvrirons tous les secrets de son amour ; la blessure de son côté nous y introduira ; appliquons nos lèvres sur ce côté sacré du Fils de Dieu ; de là s'échappent le feu de la charité et le sang qui lavera nos péchés. L'âme qui se cache dans ce Cœur ouvert par l'amour lui devient semblable parce que, se voyant tant aimée, elle ne peut s'empêcher d'aimer à son tour. (Ste CATHERINE DE SIENNE.)

PRIERE. — Mon Dieu, mon unique bien, vous êtes tout pour moi, que je sois tout pour vous.

RESOLUTION. — Demander pardon pour les pécheurs.

22 octobre.— Ste CORDULE, vierge et mart.

Comme le cerf, courons à l'Eucharistie; elle nous rafraichira. Comme le faible oiseau, poursuivi par des serres cruelles, cachons-nous dans le Cœur de Jésus, il nous sauvera. Comme le nouveau-né, désirons ardemment le lait spirituel de l'Eucharistie, il nourrira notre âme et la fera vivre pour la gloire éternelle. (Mgr DE LA BOUILLERIE.)

PRIERE. — Mon Dieu, mon unique bien, vous êtes tout pour moi, que je sois tout pour vous.

RESOLUTION. — Aller au Cœur de Jésus.

23 octobre. — FÊTE DU TRÈS SAINT RÉDEMPTEUR.

C'est dans l'admirable Cœur de Jésus que tous les desseins de notre salut ont été formés. Il est vrai qu'ils avaient été projetés de toute éternité dans le Cœur de Dieu. Le Père les avait concertés avec son Fils, le Fils les avait acceptés, le Saint-Esprit les avait dictés ; mais il fallait que le Cœur de Jésus les ratifiât et en entreprît l'exécution.

(LE P. NOUET.)

PRIERE. — Mon Dieu, mon unique bien, vous êtes tout pour moi, que je sois tout pour vous.

RESOLUTION. — Remercier le Sacré-Cœur du bienfait de la Rédemption

24 octobre. — SAINT RAPHAEL, archange.

Que je vous suis donc obligé du bien que vous me faites, ô Cœur Sacré de Jésus! où irais-je désormais, et à qui aurais-je recours sinon à vous, en qui je trouve la source de tous les biens et le remède à tous les maux qui me menacent? Eh ! que ne devrais-je faire pour posséder un si grand trésor? Ah! je ne veux rien épargner pour l'acquérir. Je donnerais volontiers tout ce que j'ai pour acheter ce trésor infini. (LE P. NOUET.)

PRIERE. — Mon Dieu, mon unique bien, vous êtes tout pour moi, que je sois tout pour vous.

RESOLUTION. — Sacrifier tout pour vivre avec le Sacré-Cœur.

25 octobre. — LES SS. CHRYSANTHE, et DARIE, martyrs.

Qu'il est immense l'amour de Jésus qui le pousse, avec les mêmes sentiments dans lesquels il s'est offert sur la croix, à se présenter continuellement, pour moi et pour tous les pécheurs, à Dieu son Père, à lui offrir pour le désarmer et nous obtenir le pardon, son Cœur très pur et immaculé! Ah! ce qu'il souhaite par-dessus tout, c'est que les âmes perdues se laissent enfin toucher et puissent recouvrer la vie par une sincère pénitence.
(LE B. CANISIUS.)

PRIERE. — Mon Dieu, mon unique bien, vous êtes tout pour moi, que je sois tout pour vous.

RESOLUTION. — Nous unir aux sentiments du Cœur de Jésus.

26 octobre. — S. ÉVARISTE, pape et mart.

La mort du juste est précieuse devant Dieu, car elle lui donne le repos ; elle marque la fin de ses peines ; elle consacre sa victoire et lui ouvre la vie. Le chrétien qui se place sous la protection du Cœur de Jésus est intrépide au milieu des dangers et surtout à son lit de mort. (S. BERNARD.)

PRIERE. — Mon Dieu, mon unique bien, vous êtes tout pour moi, que je sois tout pour vous.

RESOLUTION. — Recommander notre dernière heure au Cœur de Jésus.

27 oct. — S. DIDIER, év. d'Auxerre, conf.

Le Cœur sacré de Notre-Seigneur désire que vous lui fassiez le sacrifice de tout ce que la nature lui dispute S'il vous fait trouver des inconstances et des amertumes dans les créatures, c'est parce qu'il vous aime et ne veut pas que vous vous attachiez à ce qui est périssable, mais à lui seul.

(LA B. MARGUERITE-MARIE.)

PRIERE. — Mon Dieu, mon unique bien, vous êtes tout pour moi, que je sois tout pour vous.

RESOLUTION. — Nous offrir au Sacré-Cœur.

28 octob. — S. SIMON et S. JUDE, apôtres.

Vous contenterez le Sacré-Cœur de Jésus quand vous vous abandonnerez tellement à lui qu'il sera le regard de vos yeux, l'entendement de vos oreilles, le souvenir de votre mémoire, et tout l'amour de votre Cœur, lui laissant faire pour vous selon son désir, sans vous rien réserver que le soin de lui plaire et de l'aimer par-dessus toutes choses. Allez simplement avec N.-S., il ne vous perdra pas ; car il vous aime ; contentez-vous de l'aimer et le LAISSEZ FAIRE, et cela seul suffit.

(LA B. MARGUERITE-MARIE.)

PRIERE. — Mon Dieu, mon unique bien, vous êtes tout pour moi, que je sois tout pour vous.

RESOLUTION. — Nous abandonner à l'amour du Sacré-Cœur.

29 octobre. — S. RÉMI, év. de Lyon et conf.

Que N.-S. vous arrache le cœur pour vous donner le sien très divin, par lequel vous viviez de son amour ! Quel bonheur si, quelque jour, au sortir de la sainte communion, je trouvais mon chétif et misérable cœur hors de ma poitrine, et qu'en sa place fût établi ce précieux Cœur de mon Dieu ! Mais au moins souhaité-je que nos pauvres cœurs ne vivent plus désormais que sous l'obéissance et les commandements du Cœur de ce Seigneur. (S. FRANÇOIS DE SALES.)

PRIERE. — Mon Dieu, mon unique bien, vous êtes tout pour moi, que je sois tout pour vous.

RESOLUTION. — Mettre en nous les sentiments du Cœur de Jésus.

30 octobre. — SAINT LUCAIN, martyr.

Le bonheur, c'est de se donner. Quand le cœur a achevé de se donner à Dieu, il a achevé l'œuvre de sa béatitude, car alors Dieu aussi a achevé de se donner à lui et le mystère de l'union est accompli, le cœur de la créature ainsi donnée au Cœur de Dieu ne s'est point épuisé; tout au contraire, il est rempli de Dieu. (Mgr BAUDRY.)

PRIERE. — Mon Dieu, mon unique bien, vous êtes tout pour moi, que je sois tout pour vous.

RESOLUTION. — Donner notre cœur au Cœur de Jésus.

31 octobre. — SAINT QUENTIN, martyr.

Le fer de la lance en transperçant le Cœur de Jésus nous l'a découvert. O Jésus, que vous êtes bon de vous être ainsi laissé blesser. Ce Cœur divin qui avait résisté à toutes les souffrances n'a pu résister aux tendresses de l'amour, et le mien qui cède par sa faiblesse aux moindres traits de la douleur, est impénétrable aux sentiments d'amour que je vous dois. Ah! si mon cœur ne veut point se laisser blesser, au moins qu'il se laisse guérir. (S. BERNARD.)

PRIERE. — Mon Dieu, mon unique bien, vous êtes tout pour moi, que je sois tout pour vous.

RESOLUTION. — Laisser pénétrer notre cœur par l'amour.

MOIS DE NOVEMBRE

MOIS DES MORTS

1er novembre. — LA TOUSSAINT.

Les Saints qui jouissent de la gloire du ciel veulent bien plaider pour moi près de vous, Cœur sacré de mon Sauveur, et solliciter votre bonté; écoutez-les donc favorablement. Si par eux vous m'accordez vos grâces, par eux aussi je ferai monter jusqu'à vous l'encens de ma reconnaissance: par eux, vous aurez pitié de ma misère; par eux, je bénirai vos miséricordes. (S. EPHREM.)

PRIERE. — Mon Dieu, mon unique bien, vous êtes tout pour moi, que je sois tout pour vous

RESOLUTION. — Recourir aux Saints pour glorifier le Sacré-Cœur.

2 novembre. — COMMEMORAISON DE TOUS LES DEFUNTS.

Les justes, quand ils meurent, sont et restent membres de l'Eglise et par conséquent ils nous sont unis, en même temps qu'ils sont unis à Dieu dans la foi, l'espérance et la charité. Les âmes des justes défunts ne sont pas séparées de l'Eglise qui est le royaume de J.-C. (S. AUGUSTIN.)

Soulager les âmes du Purgatoire, c'est les unir au Cœur de Jésus.

PRIERE. — Mon Dieu, mon unique bien, vous êtes tout pour moi, que je sois tout pour vous.

RESOLUTION. — Prier pour les âmes du Purgatoire.

3 novembre. — **SAINT PAPOUL, martyr.**

J'attends avec impatience le jour où ie Cœur de Jésus mettra le comble à son amour pour moi; alors, éclairé de la lumière du séjour de la gloire, je goûterai sans trouble le plaisir de m'unir au Cœur de mon Rédempteur; je le ferai le dépositaire de mes vœux; je le glorifierai dans son royaume, en présence de la portion de son peuple la plus chérie. (Mgr DE FUMEL.)

PRIERE. — Mon Dieu, mon unique bien, vous êtes tout pour moi, que je sois tout pour vous.

RESOLUTION. — Nous unir ici-bas au Sacré-Cœur.

4 novembre. — **SAINT CHARLES,**
archevêque de Milan, confesseur.

Les Saints du ciel ont une telle union avec la volonté de Dieu que s'il y avait un peu plus de bon plaisir de Dieu à ce qu'ils allassent en enfer, ils quitteraient à l'instant le paradis pour y aller. Nous devons de même, en toute occasion, nous laisser conduire à la volonté de Dieu, assurés que nous sommes que rien ne saurait nous être envoyé de ce Cœur paternel, dont il ne nous fasse tirer profit si nous avons confiance en lui.
(S. FRANÇOIS DE SALES.)

PRIERE. — Mon Dieu, mon unique bien, vous êtes tout pour moi, que je sois tout pour vous.

RESOLUTION. — Nous conformer au bon plaisir de Dieu.

5 novembre. — SAINT ZACHARIE,
père de saint Jean-Baptiste.

Que sont, ô Cœur de Jésus ! tous les biens qui affectent l'homme dans ce monde en comparaison de ceux que vous lui avez préparés dans votre demeure céleste ? Un seul jour de bonheur auprès de vous est infiniment plus doux que mille jours de faveur du siècle. Peut-on trouver quelque véritable douceur ailleurs que là où l'on est assuré de vous aimer sans partage et sans fin.

(Mgr DE FUMEL.)

PRIERE. — Mon Dieu, mon unique bien, vous êtes tout pour moi, que je sois tout pour vous.
RESOLUTION. — Désirer le ciel.

6 novembre. — S. LÉONARD, confesseur

Que ferait Notre-Seigneur de sa vie éternelle s'il ne la donnait aux pauvres créatures comme nous ? Vive Dieu ! J'ai cette confiance bien ferme au fond du cœur que nous vivrons éternellement avec Dieu ; nous serons un jour tous ensemble au ciel. O mon Dieu, que je trouve de consolation dans l'assurance que j'ai que mon cœur sera éternellement abîmé dans l'amour du Cœur de Jésus ! (S. FRANÇOIS DE SALES.)

PRIERE. — Mon Dieu, mon unique bien, vous êtes tout pour moi, que je sois tout pour vous.
RESOLUTION. — Espérer le ciel.

7 novembre. — S. ENGELBERT, év. et mart.

Heureux vos élus ! Ils possèdent votre Cœur

tout entier, rien ne peut les distraire de leur bonheur, ils le goûtent sans peine et sans alarmes; ils foulent à leurs pieds les maux et les misères de cette vie. Leur unique occupation est de vous louer, de vous aimer; ils vivent de votre vie, ils règnent par vous et avec vous; ils vous glorifient dans tous les siècles. (Mgr DE FUMEL.)

PRIERE. — Mon Dieu, mon unique bien, vous êtes tout pour moi, que je sois tout pour vous.

RESOLUTION. — Féliciter les Saints de leur bonheur.

8 novembre. — SAINT GODEFROI, évêque d'Amiens, confesseur.

Le Cœur auguste de Jésus est une fournaise d'amour qui répand ses feux et ses flammes de tous côtés, dans le ciel, sur la terre et dans tout l'univers, feux et flammes qui embrasent les Cœurs des Séraphins et qui enflammeraient tous les cœurs de la terre si les glaces effroyables du péché ne s'y opposaient. (LE V. P. EUDES.)

PRIERE. — Mon Dieu, mon unique bien, vous êtes tout pour moi, que je sois tout pour vous.

RESOLUTION. — Exposer notre cœur à l'influence du Cœur de Jésus.

9 novembre. — LA DÉDICACE DE LA BASILIQUE DU SAINT SAUVEUR.

Ouvrez-vous à mes désirs, maison de mon Dieu où l'iniquité n'habita jamais; je préfère le seuil de votre porte aux plus brillants trônes du monde! J'aime mieux être à la dernière place dans votre enceinte que d'occuper les premiers rangs dans les palais des rois : je renonce volontiers aux honneurs pour vivre obscur parmi vos disciples. je serai content avec eux, divin Jésus. parce qu'avec eux je serai irrévocablement l'ami de votre Cœur. (Mgr DE FUMEL.)

PRIERE. — Mon Dieu, mon unique bien, vous êtes tout pour moi, que je sois tout pour vous

RESOLUTION — Aimer la beauté des églises où Jésus réside.

10 novemb. — S. ANDRÉ AVELLIN, conf.

Notre cœur ne doit jamais agir ni concevoir aucun désir que par l'impression du Cœur de Jésus auquel il doit être parfaitement soumis. O cœur humain, c'est en vain que tu t'occupes de tant de choses vaines et périssables. tu es plus noble que ce que tu vois. Si tu veux être obéi. sois le premier obéissant : suis le mouvement du Cœur de Jésus et n'écoute jamais le tien.

(S .BERNARD.)

PRIERE. — Mon Dieu, mon unique bien, vous êtes tout pour moi, que je sois tout pour vous.

RESOLUTION. — N'agir que sous l'impulsion du Sacré-Cœur.

11 nov. — S. MARTIN, év. de Tours, conf.

En vérité. il me semble que tout le bonheur d'une âme consiste à se rendre conforme à la très sainte volonté de Dieu. C'est là que notre cœur trouve la paix, notre esprit sa joie et son repos. puisque celui qui adhère à Dieu fait un même esprit avec lui. Et je crois que c'est le vrai moyen de faire notre volonté ; car son amoureuse bonté se plaît à contenter celle qui ne lui fait pas de résistance. (LA B. MARGUERITE-MARIE.)

PRIERE. — Mon Dieu, mon unique bien, vous êtes tout pour moi, que je sois tout pour vous.

RESOLUTION. — Nous conformer en tout à la volonté de Dieu.

12 novembre. — S. MARTIN, pape et mart.

Le vénérable curé d'Ars s'écriait parfois : « Ah quel bon Cœur Jésus a pris pour nous aimer ! » Un jour, au matin de la fête du Sacré-Cœur, il se prit à dire : « Aujourd'hui, notre Seigneur nous met sur son cœur. Ah ! si nous pouvions y demeurer ! », puis, joignant les mains et levant au ciel des yeux pleins de larmes : « O Cœur de Jésus, ajouta-t-il, Cœur d'amour, fleur d'amour ! Si nous n'aimons le Cœur de Jésus, qu'aimerons-nous donc ? Il n'y a que de l'amour dans ce Cœur. Comment peut-on ne pas aimer ce qui est si aimable ? »

PRIERE. — Mon Dieu, mon unique bien, vous êtes tout pour moi, que je sois tout pour vous.

RESOLUTION. — Etablir notre demeure dans le Sacré-Cœur.

13 novembre. — SAINT STANISLAS DE KOSTKA, confesseur.

Un trait d'ingratitude envers le Cœur de Jésus, c'est la disette où on le laisse dans les lieux où il fait sa demeure. Rien ne devrait nous coûter pour les enrichir et les tenir au moins dans une décence convenable. Hélas !

on en trouve tant qui sont si négligés, si abandonnés, qu'on peut dire en toute vérité que Jésus-Christ est logé plus pauvrement que les pauvres eux-mêmes. O Seigneur, est-ce donc là le lieu de votre demeure?

(LE P. DE GALLIFET.)

PRIERE. — Mon Dieu, mon unique bien, vous êtes tout pour moi, que je sois tout pour vous.

RESOLUTION. — Orner la maison de Dieu.

14 novemb. — S. JOSAPHAT, év. et mart.

Apprenez à habiter dans la blessure du Cœur de Jésus. Si votre âme est une colombe, voici l'endroit où elle doit poser son nid. Si vous avez choisi d'être un passereau solitaire, quelle retraite pour mener une vie solitaire et éloignée de tout vous conviendrait mieux que le Cœur de Jésus? Si votre âme est une tourterelle, le Cœur de Jésus entr'ouvert, voilà bien le lieu de votre repos.

(LUDOLPHE LE CHARTREUX.)

PRIERE. — Mon Dieu, mon unique bien, vous êtes tout pour moi, que je sois tout pour vous.

RESOLUTION. — Habiter dans le Cœur de Jésus.

15 novembre. — SAINTE EUGENIE vierge.

Si quelqu'un se réfugie avec une ferme espérance sous ma protection, il est de ceux de qui je puis dire: « Ma colombe est unique, choisie entre mille, elle qui par un seul de ses regards a transpercé mon Cœur de telle sorte que, si je savais ne pouvoir venir à son aide, la désolation de mon Cœur serait telle que toutes les délices ne pourraient l'alléger. »

(Paroles de N.-S. J.-C. à sainte Gertrude.)

PRIERE. — Mon Dieu, mon unique bien, vous êtes tout pour moi, que je sois tout pour vous.

RESOLUTION. — Mettre toute notre espérance dans le Sacré-Cœur.

16 nov. — S. EUCHER, év de Lyon et conf.

Qu'il est doux de penser que Jésus a exercé envers nous, sans exception, toutes les œuvres de la miséricorde ! Prions ce maître divin de nous apprendre à en exercer au moins quelques-unes vis-à-vis de nos frères, afin qu'ayant pratiqué cette vertu dont son Cœur est rempli, nous obtenions de lui la seconde récompense que contient la promesse sacrée : Bienheureux les miséricordieux, parce qu'ils obtiendront eux-mêmes miséricorde ! (Mgr BAUDRY.)

PRIERE. — Mon Dieu, mon unique bien, vous êtes tout pour moi, que je sois tout pour vous.

RESOLUTION. — Pratiquer aujourd'hui une œuvre de miséricorde en l'honneur du Sacré-Cœur.

17 nov. — LE B. PERE CHANEL, martyr.

Frappons à coups redoublés à la porte du Cœur sacré de notre divin Sauveur. Il y a dans ce divin Cœur, je le dis avec une pleine confiance, des grâces d'une bénédiction toute particulière, des grâces spéciales pour la société de Marie et chacun de ses membres ; elles bouillonnent, impatientes de se répandre sur nous comme un torrent vivifiant, mais elles veulent être demandées, sollicitées par la ferveur d'une prière continuelle.

(R. P. COLIN, O. M. I.)

PRIERE. — Mon Dieu, mon unique bien, vous êtes tout pour moi, que je sois tout pour vous.

RESOLUTION. — Puiser dans le Sacré-Cœur, par la prière, les grâces qui nous sont nécessaires.

18 novembre. — DÉDICACE DES BASILIQUES des SS. PIERRE et PAUL.

Si jamais la miséricorde fut une béatitude au cœur d'un homme, ce doit être dans votre Cœur, ô miséricordieux Jésus. Que ce nom de miséricorde dit de choses ! La misère et le Cœur de Jésus, de Jésus qui prend à cœur nos misères, et qui, en les prenant, en leur donnant la compassion, en les ressentant lui-même, les soulage et les guérit. O Jésus, ce soulagement de nos douleurs et de nos maux est-il donc vraiment une béatitude de votre Cœur ?

(Mgr BAUDRY.)

PRIERE. — Mon Dieu, mon unique bien, vous êtes tout pour moi, que je sois tout pour vous.

RESOLUTION. — Recourir dans nos misères au Cœur miséricordieux de Jésus.

19 novembre. — Ste ÉLISABETH, veuve.

O Seigneur, je veux monter et voler vers vous ; je veux placer mon nid sur l'autel de votre Cœur ; c'est là que je dépose mes œuvres, mes paroles, mes pensées. Là, sur l'autel de votre Cœur, je trouve un port très sûr que les vents agités ne peuvent jamais troubler : dans votre Cœur je trouve des délices exquises qui n'engendrent point le dégoût et ne sont exposées à aucune altération. (LUDOLPHE LE CHARTREUX.)

PRIERE. — Mon Dieu, mon unique bien, vous êtes tout pour moi, que je sois tout pour vous.

RESOLUTION. — Déposer nos actions dans le Sacré-Cœur.

20 novem. — S. FELIX DE VALOIS, conf

J'estime que Jésus vous fait une très singulière faveur de vous donner la vue et le désir de l'amour de votre abjection · car il n'y a point de plus efficace moyen pour entrer et se conserver dans l'amitié du Sacré-Cœur. C'est la vertu du Sacré-Cœur de Jésus qui n'abaisse en nous sa grandeur qu'autant qu'il nous trouve anéantis dans l'amour de notre petitesse.

(LA B. MARGUERITE-MARIE.)

PRIERE. — Mon Dieu, mon unique bien, vous êtes tout pour moi, que je sois tout pour vous.

RESOLUTION. — Nous tenir humbles devant Jésus.

21 nov. LA PRESENTATION DE MARIE.

Douce Vierge Marie, soit que je vous accompagne au Temple, où vous avez offert les prémices de votre vie, soit que mon cœur vous fasse cortège lorsque plus tard vous présentez le Dieu Rédempteur, je ne me sépare point de vos sentiments et des sentiments du Cœur de Jésus. Votre Cœur est à l'unisson du sien et le mien répète le cantique du Vôtre: « Mon Dieu, mon Tout, vous êtes mon Tout. » (Mgr LAMOTHE-TENET.)

PRIERE. — Mon Dieu, mon unique bien, vous êtes tout pour moi, que je sois tout pour vous.

RESOLUTION. — Renouveler notre consécration aux Cœurs sacrés de Jésus et Marie.

22 novembre. — SAINTE CÉCILE, vierge et martyre.

Que tout homme s'épouvante, que tout le monde tremble et que le ciel tressaille de joie, lorsque sur l'autel Jésus, Fils du Dieu vivant, est dans les mains du prêtre! O admirable hauteur, ô souveraine condescendance! O humble sublimité! Le Seigneur de toutes choses, Dieu et Fils de Dieu, s'humilie à ce point que, pour notre salut, il se cache sous un peu de pain. Admirez, mes frères, l'humilité de Dieu; répandez vos cœurs devant lui. (S. FRANÇOIS D'ASSISE.)

PRIERE. — Mon Dieu, mon unique bien, vous êtes tout pour moi, que je sois tout pour vous.

RESOLUTION. — Imiter l'humilité du Cœur de Jésus.

23 nov. — S. CLÉMENT, pape et martyr.

Cherchez l'occasion de contenter le Sacré-Cœur par l'exercice de la sainte charité en pensant et parlant toujours bien de votre prochain, assistant les pauvres selon votre pouvoir, spirituellement et corporellement, regardant J.-C. dans leur personne et ne leur rien faire que ce que nous voudrions nous être fait à nous-mêmes.

(LA B. MARGUERITE-MARIE.)

PRIERE. — Mon Dieu, mon unique bien, vous êtes tout pour moi, que je sois tout pour vous.

RESOLUTION. — Pratiquer la charité envers le prochain.

24 nov. — St JEAN DE LA CROIX, conf.

Voulez-vous des consolations dans vos peines et dans vos amertumes ? Venez au Cœur de Jésus, il vous les donnera. Il a goûté le calice des douleurs, que dis-je ? Il l'a goûté, il l'a épuisé jusqu'à la lie : il a été triste jusqu'à la mort ; son affliction a été grande comme une vaste mer ; l'expérience de nos misères lui a appris à les plaindre et à les soulager. (LE CARDINAL GIRAUD.)

PRIERE. — Mon Dieu, mon unique bien, vous êtes tout pour moi, que je sois tout pour vous.

RESOLUTION. — Chercher notre consolation dans le Sacré-Cœur.

25 novembre — SAINTE CATHERINE, vierge et martyre.

Le Cœur de Jésus est appelé le roi et le centre de tous les cœurs. Il doit donc les régir, présider à tous leurs mouvements, maintenir leurs pulsations dans l'unité de la foi, dans l'harmonie de la charité, corriger par son action leurs dissonances : et rien de tout cela ne se peut faire que si nous nous efforçons de participer à son humilité, à son amour de la justice, à sa compassion pour les hommes. (CARDINAL PERRAUD.)

PRIERE. — Mon Dieu, mon unique bien, vous êtes tout pour moi, que je sois tout pour vous.

RESOLUTION. — Imiter les vertus du Sacré-Cœur.

26 novembre. — S. SYLVESTRE, abbé.

O Cœur de Jésus, révélez-vous vous-même avec vos amabilités ravissantes ; touchez nos âmes de ces attraits que vous savez rendre si forts et si doux, quand vous voulez plier nos volontés rebelles. Une seule étincelle de votre feu, si vous daignez la faire tomber sur nous, nous persuadera mieux que ne pourrait le faire la langue du plus brûlant des séraphins. (LE CARDINAL GIRAUD.)

PRIERE. — Mon Dieu, mon unique bien, vous êtes tout pour moi, que je sois tout pour vous.

RESOLUTION. — Etudier les amabilités du Sacré-Cœur.

27 nov. — S. ACHAIRE, év. de Noyon, conf.

Jésus, il y a longtemps que je demande à votre Cœur le secret des larmes qu'il a versées sur le monde. N'aurais-je point assez pleuré pour mériter d'apprendre ce que valent les pleurs ? Hélas ! vous avez pleuré sur moi, ô mon Jésus, et moi je ne sais si j'ai jamais pleuré sur vous, sur vos douleurs, sur les offenses dont j'ai blessé votre Cœur !... O Marie, vous qui pleuriez sur Jésus et qui, avec Jésus, pleuriez aussi sur moi, douce Marie, ah ! faites-moi pleurer.

(Mgr BAUDRY.)

PRIERE. — Mon Dieu, mon unique bien, vous êtes tout pour moi, que je sois tout pour vous.

RESOLUTION. — Unir nos larmes à celles de Jésus et de Marie.

28 nov. — S. PHILIPPE, év de Vienne, conf.

La blessure du Cœur de Jésus annonce que Dieu a fait grâce au monde par Jésus-Christ. Le fer a touché son Cœur pour qu'il sache compatir à nos infirmités. Les plaies du corps trahissent les secrets du Cœur et découvrent un grand mystère d'amour, la miséricordieuse bonté de Dieu qui est venue du ciel pour nous visiter. (S. BERNARD.)

PRIERE. — Mon Dieu, mon unique bien, vous êtes tout pour moi, que je sois tout pour vous.
RESOLUTION. — Méditer le mystère d'amour du Sacré-Cœur.

29 novembre. — SAINT SATURNIN,
évêque de Toulouse, martyr.

L'âme vraiment affamée et altérée de la passion du Sauveur ne doit pas seulement approcher ses lèvres de l'extérieur du vase, je veux dire des plaies adorables du Sauveur, et sucer le sang qui en découle, non ; qu'elle entre dans le vase lui-même, dans le Cœur sacré de Jésus : là seulement elle trouvera surabondamment de quoi se rassasier.
(LA B. BAPTISTA VARANI.)

PRIERE. — Mon Dieu, mon unique bien, vous êtes tout pour moi, que je sois tout pour vous.
RESOLUTION. — Entrer dans le Cœur de Jésus.

30 novembre. — SAINT ANDRÉ, apôtre.

Les âmes qui compatissent aux douleurs de Jésus font pour lui, en quelque sorte, ce que fit Simon le Cyrénéen : elles adoucissent par leur dévouement les tristesses de son divin Cœur et compensent, par leur fidélité et leur amour, les outrages et les mauvais traitements qu'on fait subir au Dieu de l'Eucharistie dans cette nouvelle voie douloureuse qu'il parcourt à travers les âges.

PRIERE. — Mon Dieu, mon unique bien, vous êtes tout pour moi, que je sois tout pour vous.

RESOLUTION. — Consoler Jésus dans la sainte Eucharistie.

MOIS DE DECEMBRE

1er décembre. — **SAINT ÉLOI**, év. et conf.

Le Cœur de Jésus adorable ne respirait que pour moi, ne soupirait qu'après mon salut, il ne pensait qu'à moi, il ne veillait que pour moi, il n'était touché que de mes intérêts. Je dors, dit l'Epouse, et mon cœur veille. Le cœur ne dort jamais, il est toujours en action et en mouvement : mais en s'agitant et en travaillant au bien du corps, il est le principe de son repos.

(LE P. NOUET.)

PRIERE. — Mon Dieu, mon unique bien, vous êtes tout pour moi, que je sois tout pour vous.

RESOLUTION. — Ne vivre que pour Jésus.

2 décembre. — Ste BIBIANE, vierge et mar

Jugez si l'état du pécheur n'est pas plus funeste que la mort même. Etre séparé de Jésus, être à son Cœur un objet d'indignation et de fureur, être la proie du démon, l'opprobre de la nature, n'être bon qu'à remplir le monde d'ordures, et, quelque jour, l'enfer de blasphèmes et de désespoir, ce n'est pas être, c'est périr; ce n'est pas vivre, c'est être mort. (LE P. NOUET.)

PRIERE. — Mon Dieu, mon unique bien, vous êtes tout pour moi, que je sois tout pour vous.

RESOLUTION. — Eviter le péché parce qu'il déplaît au Sacré-Cœur.

3 décembre. — S. FRANÇOIS XAVIER, conf.

Ce grand Saint parcourait tous les mois les mystères de la vie du Sauveur et se plaisait à répéter cent fois ces paroles: « O Jésus, si les hommes vous connaissaient ! si les hommes vous connaissaient ! » Il ne pouvait se lasser de contempler les merveilles d'amour du Cœur de Jésus pour les hommes, et il était persuadé qu'il n'y a pas de connaissance plus agréable, plus utile, ni même plus nécessaire que celle du Fils de Dieu.

PRIERE. — Mon Dieu, mon unique bien, vous êtes tout pour moi, que je sois tout pour vous.

RESOLUTION. — Etudier le Cœur le Jésus.

4 décembre. — S. PIERRE CHRYSOLOGUE,
évêque et confesseur.

Pensez souvent à l'avènement du Souverain Juge ! il viendra avec ce même corps qu'il a laissé percer de clous et traverser d'une lance. La vue de ses cicatrices sera pour le méchant une intolérable sentence le condamnation. Mais si les impénitents doivent être glacés d'effroi en voyant leur condamnation dans la plaie de son Cœur, de quelle joie ne. seront pas pénétrés les élus en voyant ces marques d'amour.

(S. CÉSAIRE D'ARLES.)

PRIERE. — Mon Dieu, mon unique bien, vous êtes tout pour moi, que je sois tout pour vous.

RESOLUTION. — Nous préparer au jugement.

5 décembre. — SAINT SABBAS, abbé.

Puisque le Sacré-Cœur vous aime. qu'avez-vous tant à craindre, sinon de ne pas lui rendre tout le retour d'amour qu'il veut de vous ? Il ne désire rien tant que vous mettre en possession de son royaume. et vous faire reposer sur son sein comme un enfant d'amour qui s'abandonne entièrement aux soins de son adorable providence.

(LA B. MARGUERITE-MARIE.)

PRIERE. — Mon Dieu, mon unique bien, vous êtes tout pour moi, que je sois tout pour vous.

RESOLUTION. — Nous abandonner aux soins du Cœur de Jésus.

6 décembre. — SAINT NICOLAS,
évêque de Myre, confesseur.

Ah! l'on dit que s'il était terrible de tomber entre les mains d'un Dieu vivant, il était doux de tomber entre les mains d'un Dieu mourant pour notre salut, et moi je dis qu'il est plus doux de rendre le dernier soupir dans le Cœur de Jésus; c'est bien alors que la mort n'est qu'un sommeil, et l'on est bien sûr de se réveiller dans le ciel, puisque le ciel tout entier est dans le Cœur de J.-C.
(LE CARDINAL GIRAUD.)

PRIERE. — Mon Dieu, mon unique bien, vous êtes tout pour moi, que je sois tout pour vous.
RÉSOLUTION. — Confier au Sacré-Cœur notre heure dernière.

7 décembre. — SAINT AMBROISE,
évêque de Milan, confesseur et docteur.

Regardez uniquement le Cœur aimant de Jésus qui ne permettra jamais à sa main adorable de rien exécuter à votre égard que pour sa gloire et votre sanctification... Le Cœur de Jésus ne demande que votre confiance en sa bonté, pour vous faire éprouver la douceur et la force de son secours dans vos besoins, mais toujours à la mesure de votre confiance. Allez donc simplement avec N.-S.; il ne vous perdra pas, car il vous aime. (LA B. MARGUERITE-MARIE.)

PRIERE. — Mon Dieu, mon unique bien, vous êtes tout pour moi, que je sois tout pour vous.
RESOLUTION. — Nous confier absolument dans le Sacré-Cœur.

8 déc. — L'IMMACULÉE CONCEPTION DE LA B. VIERGE MARIE.

Si en qualité de Mère de Dieu, Marie est choisie par la sagesse divine pour faire quelque chose de singulier dans la conception de Jésus, n'était-il pas juste que Jésus fît quelque chose de singulier dans la conception de Marie ? Et de là ne suit-il pas que la conception de cette princesse est séparée de toutes les autres ? Jésus a prévenu sa Mère jusque dans sa conception (BOSSUET.)

PRIERE. — Mon Dieu, mon unique bien, vous êtes tout pour moi, que je sois tout pour vous.

RESOLUTION. — Honorer le privilège de l'Immaculée Conception.

9 décembre. — S. PIERRE FOURIER, conf.

Le divin Cœur de Jésus est une source intarissable, d'où s'échappent trois canaux qui coulent sans cesse: l'un de miséricorde pour les pécheurs; le second de charité pour secourir tous les malheureux; le troisième d'amour et de lumière pour les parfaits amis que Jésus veut unir à lui. De plus, ce divin Cœur se rendra l'asile et le port assuré, à l'heure de la mort, de tous ceux qui l'auront honoré pendant leur vie.

(LA B. MARGUERITE-MARIE.)

PRIERE. — Mon Dieu, mon unique bien, vous êtes tout pour moi, que je sois tout pour vous.

RESOLUTION. — Demander une bonne mort au Sacré-Cœur.

10 décembre. — TRANSLATION DE LA SAINTE MAISON A LORETTE.

Le Cœur de Jésus a été formé de la matière la plus pure et la plus précieuse qui puisse être, c'est-à-dire du plus pur sang de la B. Vierge Marie.

Le Cœur de Jésus est un Cœur déifié, ou pour mieux dire le Cœur d'un Dieu subsistant par la personne du Verbe. Il est saint de la Sainteté incréée. De là vient que tous les battements de ce Cœur Sacré, toutes ses actions, suivant la dignité de la personne qui les opère, sont des actions théandriques d'un prix et d'une valeur infinis.

(LE P. NOUET.)

PRIERE. — Mon Dieu, mon unique bien, vous êtes tout pour moi, que je sois tout pour vous.

RESOLUTION. — Adorer le Cœur de Jésus.

11 décembre. — S: DAMASE, pape et conf.

Ce qui est indubitable, c'est que la croix fut plantée dans le Cœur de Jésus dès le moment même où il fut formé, et qu'elle resta dans son Cœur jusqu'au dernier moment de son existence. C'est ce qu'affirme saint Bernard : « Lisez et relisez la vie du bon Jésus, dit-il, et vous verrez que depuis l'instant où il s'incarna il fut toujours dans la douleur et jamais vous ne le trouverez que sur la croix. » (LE P. GINTHER.)

PRIERE. — Mon Dieu, mon unique bien, vous êtes tout pour moi, que je sois tout pour vous.

RESOLUTION. — Adorer Jésus crucifié.

12 décembre. — SAINT CORENTIN,
évêque de Quimper, confesseur.

Cœur très aimant de mon Jésus. O Cœur si souffrant sur la croix pour les péchés du monde, donnez-moi une véritable douleur de mes péchés. Je sais que dans ce divin sacrement vous avez un grand désir de m'unir entièrement à vous. Et je pourrais résister davantage à votre amour et à votre désir ? Ah ! par vos mérites, mon bien-aimé Jésus, blessez-moi, liez-moi, unissez-moi tout entier à votre Cœur. (S. ALPHONSE DE LIGUORI.)

PRIERE. — Mon Dieu, mon unique bien, vous êtes tout pour moi, que je sois tout pour vous.

RESOLUTION. — Nous unir au Cœur de Jésus.

13 décembre. — Ste LUCIE, vierge et mart.

Dès le commencement de son incarnation, le Cœur et l'âme de Jésus se trouvèrent environnés de douleurs innombrables, parce qu'il se représenta dès lors tous les peines et tous les tourments intérieurs et extérieurs qu'il devait souffrir durant le long espace de trente-trois ans et qui ne devait finir que par une très cruelle et très douloureuse passion.
(Ste CATHERINE DE BOLOGNE.)

PRIERE. — Mon Dieu, mon unique bien, vous êtes tout pour moi, que je sois tout pour vous.

RESOLUTION. — Méditer de temps en temps la Passion de Jésus.

14 décembre — SAINT FORTUNAT,
évêque de Poitiers, confesseur.

« Dis-lui (à une personne pour qui priait sainte Mechtilde), dis-lui de chercher dans mon Cœur tout ce qu'elle veut, toutes les grâces dont elle a besoin. Pour obtenir le don de la pureté, elle doit recourir à mon innocence. Si elle veut avoir l'humilité, il faut qu'elle la puise dans la mienne. Elle doit encore suppléer à ses désirs par les miens et ravir mon amour par toutes les vertus dont j'ai donné aux hommes le modèle parfait. »

(N. S. J.-C. à Ste MECTHILDE.)

PRIERE. — Mon Dieu, mon unique bien, vous êtes tout pour moi, que je sois tout pour vous.

RESOLUTION. — Nous attacher au Sacré-Cœur, comme à la source de toutes les grâces.

15 décembre. — OCTAVE DE L'IMMACULÉE-CONCEPTION

Dieu, en réservant à notre temps la gloire de la définition de ce dogme, a donné une preuve immense d'amour à la génération présente, et offre à notre société un motif infini de confiance. Marie, en recevant de nous cet hommage, a contracté l'obligation de secourir la terre par de nouveaux bienfaits, de la protéger contre les fureurs de l'enfer et contre le courroux céleste.

PRIERE. — Mon Dieu, mon unique bien, vous êtes tout pour moi, que je sois tout pour vous.

RESOLUTION. — Demander à Marie Immaculée le salut de la France.

16 décembre — S. EUSÈBE, év. et martyr.

O Jésus, conservateur du genre humain, ne différez pas d'accomplir ce que vous avez promis de faire, d'attirer toutes choses à vous, quand vous aurez été élevé de terre sur la croix. Venez enfin, montrez-vous à cette multitude infinie qui n'a pas encore participé aux biens immenses que vous avez acquis aux mortels. Réveillez ceux qui sont assis dans les ténèbres et à l'ombre de la mort.

(Léon XIII.)

PRIERE. — Mon Dieu, mon unique bien, vous êtes tout pour moi, que je sois tout pour vous.

RESOLUTION. — Prier pour la conversion des infidèles.

17 décembre. — S. LAZARE, évêque et mart.

Il faut de toute nécessité que le sang de J.-C. contribue à vous sanctifier, ou qu'il vous endurcisse; qu'il fasse de vous des élus ou des réprouvés; des enfants de Dieu ou des déicides. Voyez donc ce que vous voulez faire de ce sang adorable. Voulez-vous qu'il demande miséricorde ou qu'il crie vengeance ? Voulez-vous percer le Cœur de J.-C. ou y fixer votre asile ? Ah ! c'est assez d'un calvaire. Faisons servir la mort de notre Rédempteur à notre sanctification et non à notre perte. (Mgr DE VILLECOURT.)

PRIERE. — Mon Dieu, mon unique bien, vous êtes tout pour moi, que je sois tout pour vous

RESOLUTION. — Mettre à profit le sang de Jésus.

18 décembre. — L'ATTENTE DU DIVIN ENFANTEMENT.

Pour nous racheter de la mort éternelle, Dieu le Fils a consenti à se faire homme comme nous, à se revêtir de notre chair. Et voilà un Dieu anéanti ! Voilà le souverain Maître du monde qui s'humilie jusqu'à prendre la forme de serviteur, jusqu'à se soumettre à toutes les misères humaines. Attendons sa venue. (S. ALPHONSE DE LIGUORI.)

PRIERE. — Mon Dieu, mon unique bien, vous êtes tout pour moi, que je sois tout pour vous.

RESOLUTION. — Remercier le Verbe de Dieu de s'être incarné.

19 décembre. — LE B. URBAIN V, pape et confesseur.

Pour que nous puissions vous voir, il faut que nous ayons un cœur et que ce cœur soit pur. O Cœur de Jésus, qui pénétrez partout à cause de votre pureté, accordez-nous par votre ineffable bonté, de garder notre cœur sans tache et libre de toute pensée vaine ou coupable. Que par cette pureté de notre cœur, nous obtenions de vous avoir pour, ami, vous le roi et le maître des cœurs.

(B. URBAIN V.)

PRIERE. — Mon Dieu, mon unique bien, vous êtes tout pour moi, que je sois tout pour vous.

RESOLUTION. — Demander au Sacré-Cœur la pureté du cœur.

20 décembre. — VIGILE DE S. THOMAS.

Après la mort de Jésus il y avait encore en lui une source de sang et de grâces qui n'avait pas encore été ouverte. Venez, ô soldat, percez son côté ; un secret réservoir de sang doit encore couler sur nous par cette blessure; voyez ruisseler ce sang et cette eau du Cœur percé de Jésus; c'est l'eau sacrée du baptême, c'est l'eau de la pénitence, l'eau de nos larmes pieuses. Que cette eau est efficace pour laver nos crimes! Mais, mes frères, elle ne peut rien qu'étant jointe au sang de Jésus, dont elle tire toute sa vertu. (BOSSUET.)

PRIERE. — Mon Dieu, mon unique bien, vous êtes tout pour moi, que je sois tout pour vous.

RESOLUTION. — Unir nos larmes au sang de Jésus.

21 décembre. — SAINT THOMAS, apôtre.

Thomas avait déclaré qu'il ne croirait Jésus ressuscité que quand il l'aurait vu avec ses plaies. Jésus arrive, il traverse les murailles, il oublie les fidèles, et allant droit à cet incrédule, il lui dit: « Thomas, mets tes doigts dans mes plaies et ta main dans mon côté. » — « Mon Seigneur et mon Dieu! » s'écrie Thomas. Que d'âmes qui demandent cette visibilité des plaies! Dieu leur apparaît dans les événements providentiels! Alors, saluez Jésus, qui vous bénit et qui vous pardonne. (Mgr MERMILLOD.)

PRIERE. — Mon Dieu, mon unique bien, vous êtes tout pour moi, que je sois tout pour vous.

RESOLUTION. — Avoir une foi docile.

22 décembre. — SAINT FLAVIEN, martyr.

O France, si tu savais le désir que tes enfants ont de s'unir dans une paix commune des intelligences et des cœurs! Si tu comprenais que N.-S. J.-C. garde au monde les sources de cette paix, dans la charité qui prépare les esprits et les cœurs à embrasser librement la vérité! O France, écoute la voix du Christ Jésus: « Je suis la voie, la vérité et la vie. » (LE CARDINAL RICHARD.)

PRIERE. — Mon Dieu, mon unique bien, vous êtes tout pour moi, que je sois tout pour vous.

RESOLUTION. — Travailler à rétablir la concorde en France.

23 décembre. — SAINTE VICTOIRE,
vierge et martyre.

Toute la vie du Christ mérite d'être appelée une perpétuelle passion de la croix; puisque, en réalité, à l'heure même de sa conception, Jésus connut que la croix lui était préparée. Elle fut toujours tellement présente à ses yeux qu'on peut dire en toute vérité que tout le temps de sa vie il a été suspendu à l'arbre de la croix.

(LE CARDINAL BELLARMIN.)

PRIERE. — Mon Dieu, mon unique bien, vous êtes tout pour moi, que je sois tout pour vous.

RESOLUTION. — Accepter les croix qui se présenteront.

24 décemb. — VIGILE DE LA NATIVITÉ DE NOTRE-SEIGNEUR JÉSUS-CHRIST.

Ce n'était pas assez pour Jésus d'être mort une fois sur la croix; il a voulu se sacrifier en quelque sorte continuellement dans le sacrement de son amour, où il demeure dans un état de mort, quoiqu'il soit plein de vie et de gloire. Là aussi le mépris et la haine des pécheurs sauront le trouver, l'immoler et percer son Cœur. O mystère d'amour ! Ames fidèles, disciples, regardez l'autel... Chaque jour à la sainte messe, étudiez la grande, l'importante leçon du sacrifice... Regardez et imitez. (Le P. Gautrelet.)

PRIERE. — Mon Dieu, mon unique bien, vous êtes tout pour moi, que je sois tout pour vous.

RESOLUTION. — Bien assister à la sainte Messe.

25 décembre. — NATIVITÉ DE NOTRE-SEIGNEUR JÉSUS-CHRIST.

J'ai été tout entier au petit Enfant Jésus, le contemplant, l'adorant. Bien plus, je me suis approché, j'ai baisé ses petits pieds ; il m'a tendu les bras et je l'ai saisi. J'ai regardé son Cœur ; j'y ai vu écrit : « Dilexit me. » Il m'a aimé. Quel désir de me dévouer pour lui ! il m'enseigne la patience, l'humilité, la douceur. (Le P. de Ravignan.)

PRIERE. — Mon Dieu, mon unique bien, vous êtes tout pour moi, que je sois tout pour vous.

RESOLUTION. — Etudier Jésus et l'écouter à la crèche.

26 décem. — S. ETIENNE, premier martyr.

Le petit Enfant de Bethléem soit à jamais les délices de l'amour de notre cœur. Ah !

comme il est beau ! J'aime cent fois mieux ce cher petit Enfant dans la crèche que voir tous les rois en leurs trônes. Il ne dit mot et son Cœur plein de faveur pour les nôtres ne se manifeste que par des plaintes, des larmes et de douces œillades, mais que ce silence me dit de grandes choses !

(S. FRANÇOIS DE SALES.)

PRIERE. — Mon Dieu, mon unique bien, vous êtes tout pour moi, que je sois tout pour vous.

RESOLUTION. — Ecouter Jésus nous parlant intérieurement.

27 décembre. — SAINT JEAN, apôtre.

Il ne suffit pas au Sauveur de répandre ses dons sur S. Jean, il veut lui en donner jusqu'à la source. « Viens, dit-il, ô mon cher disciple, je t'ai choisi pour être le docteur de la charité. Viens la boire jusque dans sa source. Approche de ce Cœur qui ne respire que l'amour des hommes, et pour mieux parler de mon amour, viens sentir de près les ardeurs qui me consument. »

(BOSSUET.)

PRIERE. — Mon Dieu, mon unique bien, vous êtes tout pour moi, que je sois tout pour vous.

RESOLUTION. — Demander à saint Jean la dévotion au Sacré-Cœur.

28 décembre. — LE MASSACRE DES SAINTS INNOCENTS.

Enfants bienheureux, dont la vie a été immolée à conserver la vie de votre Sauveur, si vos mères avaient connu ce mystère, au lieu de cris et de pleurs on n'aurait entendu que bénédictions et louanges. Nous à qui il est révélé, suivons de nos cris cette bienheureuse troupe, jusque dans le sein d'Abraham. Saluons avec l'église ces premières fleurs et écoutons la voix innocente de ces premiers martyrs. (BOSSUET.)

PRIERE. — Mon Dieu, mon unique bien, vous êtes tout pour moi, que je sois tout pour vous.

RESOLUTION. — Remercier Jésus du bonheur des saints Innocents.

29 décembre. — S. THOMAS, év. et martyr.

Saint Jean l'Evangéliste ayant apparu à sainte Gertrude, celle-ci lui demanda comment il se faisait qu'il n'eût rien écrit sur les battements du Cœur de son divin Maître. Le saint lui répondit : « J'étais chargé d'annoncer à l'Eglise naissante la doctrine du Verbe incréé de Dieu le Père ; mais quant à la douceur des émotions de ce Cœur sacré, Dieu s'est réservé de les faire connaître dans les derniers temps, afin de ranimer la flamme de la charité, qui se serait alors refroidie. »

PRIERE. — Mon Dieu, mon unique bien, vous êtes tout pour moi, que je sois tout pour vous.

RESOLUTION. — Réchauffer votre charité au contact du Sacré-Cœur.

30 décembre. — S. SABIN, évêque et martyr.

L'Enfant de Bethléem jouit de toute la plénitude de sa raison : il connaît toutes choses, il m'aime, il m'entend, il écoute mes vœux, son Cœur parle à mon cœur. O Jésus, permettez-moi de vous demander avec saint Bernard : « Qui vous a réduit en cet état ? — L'amour. — Et qu'exigez-vous de moi ? — L'amour. — Rien de plus ? — Non, rien, parce que celui qui aime devient capable de tout faire et de tout souffrir. »

PRIERE. — Mon Dieu, mon unique bien, vous êtes tout pour moi, que je sois tout pour vous.

RESOLUTION. — Aimer l'Enfant Jésus.

31 décem. — S. SYLVESTRE, pape et mart.

Vous êtes, ô mon Sauveur, doux et humble de cœur. Ce n'est pas un abaissement qui ne soit que dans l'esprit, c'est un goût du cœur : c'est un abaissement auquel la volonté consent, et qu'elle aime pour glorifier Dieu. Voir sa misère et en être au désespoir, ce n'est pas être humble, c'est au contraire un dépit d'orgueil qui est pire que l'orgueil même. (FÉNELON.)

PRIERE. — Mon Dieu, mon unique bien, vous êtes tout pour moi, que je sois tout pour vous.

RESOLUTION. — Etre humble de cœur.

FÊTES MOBILES

2ᵉ Dimanche après l'Epiphanie.
LE SAINT NOM DE JÉSUS.

Célébrez partout la grandeur et l'excellence de ce Nom. Le Nom de Jésus nous dit que son Cœur est rempli de douceur pour les cœurs droits et sincères ; qu'il est le siège de la vérité par essence, dont il laisse échapper des rayons sur la terre pour l'éclairer, l'échauffer et l'embraser de son amour de génération en génération.

(Mgr DE FUMEL.)

PRIERE. — Mon Dieu, mon unique bien, vous êtes tout pour moi, que je sois tout pour vous.

RESOLUTION. — Glorifier le nom de Jésus.

LA QUINQUAGESIME. — 40 heures.

La prévision des outrages que Jésus devait recevoir dans l'Eucharistie n'a pas empêché ce divin Sauveur de nous laisser un si précieux gage de son amour. Aurons-nous l'ingratitude de laisser Jésus abandonné sur les autels comme font la plupart des hommes ? Ne nous unirons-nous point plutôt à ce petit nombre d'âmes fidèles et reconnaissantes qui se consument d'amour envers le Saint-Sacrement ? Le Cœur de Jésus est là tout embrasé d'amour pour nous, et nous ne serons pas embrasés d'amour pour Jésus, lorsque nous sommes en sa présence ?

PRIERE. — Mon Dieu, mon unique bien, vous êtes tout pour moi, que je sois tout pour vous.

RESOLUTION. — Consacrer cette journée à la réparation.

LUNDI DE LA QUINQUAGÉSIME.
40 heures.

Ce qui causa le plus de peine au Cœur de Jésus, ce ne fut point la vue des tourments que les hommes lui préparaient, mais ce fut de voir leur ingratitude après l'amour immense qu'il leur témoignait. Il prévoyait distinctement tous les péchés que nous commettrions, il prévoyait avec une douleur spéciale les horribles injures que les hommes feraient à son Cœur adorable qu'il nous laissait dans le Saint-Sacrement.

(S. ALPHONSE DE LIGUORI.)

PRIERE. — Mon Dieu, mon unique bien, vous êtes tout pour moi, que je sois tout pour vous.

RESOLUTION. — Réparer les injures faites à Jésus dans l'Eucharistie.

MARDI DE LA QUINQUAGÉSIME.
40 heures.

O Sacré-Cœur, vous méritez les inclinations et l'amour de tous les cœurs, et vous n'en recevez que des ingratitudes et des froideurs, et surtout de mon cœur, qui mérite justement votre indignation. Mais comme vous êtes un Cœur d'amour, vous êtes aussi un Cœur de bonté dont je veux me prévaloir pour ma réconciliation et mon pardon. Ah ! Cœur très doux, pardonnez à mon cœur.

(LA B. MARGUERITE-MARIE.)

PRIERE. — Mon Dieu, mon unique bien, vous êtes tout pour moi, que je sois tout pour vous.

RESOLUTION. — Réparer les outrages faits à Jésus.

Vendredi après les cendres. — LA SAINTE COURONNE D'ÉPINES DE N.-S. J.-C.

C'est une honte d'être un membre délicat sous un chef couronné d'épines. C'est un contraste révoltant que le Saint des Saints soit dans la douleur et moi dans les délices ; que Jésus livre sa tête aux épines, et que moi je ne manque aucune occasion de me procurer du plaisir lorsque je le puis sans grand crime. (HAMON.)

PRIERE. — Mon Dieu, mon unique bien, vous êtes tout pour moi, que je sois tout pour vous.

RESOLUTION. — Vénérer la ste couronne.

LA SAINTE LANCE DE N.-S. J.-C.

Vendredi après le 1er dimanche de Carême.

Quelle fut heureuse la lance du soldat, quand elle mérita d'ouvrir le Cœur de Jésus ! S'il m'eût été possible d'être cette lance, croyez-vous que je fusse sorti du côté de Jésus ! Certes, j'y serais demeuré, je n'aurais ni voulu ni pu m'en éloigner, mais j'aurais dit : « Ici est mon repos pour les siècles des siècles ; là je resterai parce que j'y ai établi ma demeure. »

(S. BONAVENTURE.)

PRIERE. — Mon Dieu, mon unique bien, vous êtes tout pour moi, que je sois tout pour vous.

RESOLUTION. — Nous réfugier dans le Sacré-Cœur dans les tentations.

LE SAINT SUAIRE DE N.-S. J.-C.
Vendredi après le 2e dimanche de Carême. —

Peut-on se représenter ce que le saint Suaire offre aux regards de celui qui le contemple, sans se dire : « Puisque mon Sauveur a tant souffert pour me sauver, je ne peux pas perdre le fruit de tant de douleurs ; je ne veux pas manquer mon salut en refusant de me faire des violences infiniment moins pénibles ! » (HAMON.)

PRIERE. — Mon Dieu, mon unique bien, vous êtes tout pour moi, que je sois tout pour vous.

RESOLUTION. — Vénérer l'image du saint Suaire.

Vendredi après le 3e dimanche de Carême. —
LES CINQ PLAIES DE N.-S. J.-C.

O Cœur de mon Jésus ! soyez béni de l'ouverture de vos plaies ; car c'est l'amour dont vous brûlez pour nous qui a pratiqué ces sacrées ouvertures. Les bourreaux n'ont été que les instruments de votre infinie miséricorde. Il n'a pas tenu à vous, tendre Sauveur, que votre Cœur lui-même ne fût transpercé en même temps que vos pieds et vos mains. Mais il l'était depuis le premier instant de votre existence mortelle par une blessure invisible et mille fois renouvelée.

PRIERE. — Mon Dieu, mon unique bien, vous êtes tout pour moi, que je sois tout pour vous.

RESOLUTION. — Remercier le Sacré-Cœur de ses bontés pour nous.

Vendredi après le 4e dimanche de Carême. —
LE PRÉCIEUX SANG DE N.-S. J.-C.

Mon Seigneur Jésus-Christ, Fils du Dieu

vivant, accordez-moi la grâce d'aspirer vers vous de toute l'affection de mon cœur. Ecrivez, ô très miséricordieux Seigneur, avec votre précieux sang, vos plaies sacrées dans mon Cœur, afin que je puisse y lire vos souffrances et votre amour. O divine Marie, présentez nos cœurs au Cœur de Jésus votre Fils, dans votre Cœur immaculé.

(Ste GERTRUDE.)

PRIERE. — Mon Dieu, mon unique bien, vous êtes tout pour moi, que je sois tout pour vous.

RESOLUTION. — Prier Notre-Seigneur de répandre sur nos âmes son sang précieux.

DIMANCHE DE LA PASSION.

Puisse la méditation des souffrances du Sauveur faire éternellement couler vos larmes! Des larmes de cette sorte sont bien douces, et notre âme trouve de grandes lumières en repassant les souffrances du Cœur de Jésus. Pleurez! Pleurez tous les jours afin qu'au jour du jugement dernier vos larmes deviennent votre gloire en présence de votre redoutable juge. (S. EPHREM.)

PRIERE. — Mon Dieu, mon unique bien, vous êtes tout pour moi, que je sois tout pour vous.

RESOLUTION. — Méditer chaque jour les souffrances de Jésus.

Vendredi après le dimanche de la Passion. — COMPASSION DE LA SAINTE VIERGE.

Quelle ne fut pas la douleur de Marie lorsque, debout au pied de la croix, elle vit le fer du soldat percer le très aimable Cœur de Jésus. « Lorsqu'on retira la lance, a dit Marie à sainte Brigitte, le fer me sembla rouge de sang et en voyant le Cœur de mon Fils transpercé, mon Cœur le fut aussi. »

PRIERE. — Mon Dieu, mon unique bien, vous êtes tout pour moi, que je sois tout pour vous.

RESOLUTION. — Compatir aux douleurs de Marie.

LA SEMAINE SAINTE. — DIMANCHE DES RAMEAUX.

Si Jésus porte cette lourde croix dont le charge un peuple ingrat, nous pouvons dire que c'est l'amour seul qui la lui fait accepter. Trouvant en effet tant d'ingratitude à la place de la reconnaissance, Jésus ne pourrait-il pas nous retirer l'inestimable bienfait qu'il a bien voulu nous accorder? Oui, il le pourrait, s'il le voulait. Mais la parole du divin Maître est infaillible, ses dons sont sans repentance et son Cœur le retiendra parmi nous comme il l'a promis, jusqu'à la consommation des siècles.

PRIERE. — Mon Dieu, mon unique bien, vous êtes tout pour moi, que je sois tout pour vous.

RESOLUTION. — Témoigner à Jésus notre reconnaissance.

LUNDI SAINT.

Toutes nos souffrances ne sont que des vétilles auprès de celles du Sauveur... Nous avons grand sujet de nous humilier de voir Notre-Seigneur et Maître qui souffre et endure tant pour notre amour, et nous ne pouvons rien faire pour lui. Nous le verrons, cette sainte Semaine, sur l'arbre de la croix, ouvrir toutes ses veines et donner tout son sang pour nous laver, ouvrir son Cœur pour nous y loger, incliner la tête pour nous baiser d'un baiser de paix, de grâce et de vie éternelle. (Ste JEANNE DE CHANTAL.)

PRIERE. — Mon Dieu, mon unique bien, vous êtes tout pour moi, que je sois tout pour vous.

RESOLUTION. — Unir nos souffrances à celles de Jésus.

MARDI SAINT.

Gravez dans mon cœur, ô Cœur très saint, les peines que vous avez éprouvées avec tant d'amour pour moi, afin qu'à leur vue, je désire désormais, par amour pour vous, supporter avec patience toutes les peines de cette vie. Cœur très humble de Jésus, communiquez-moi votre douceur. Otez de mon cœur tout ce qui ne vous plaît pas, convertissez-le tout à vous, afin que je ne veuille et ne désire que ce que vous voulez.

(S. ALPHONSE DE LIGUORI.)

PRIERE. — Mon Dieu, mon unique bien, vous êtes tout pour moi, que je sois tout pour vous.

RESOLUTION.— Imiter la douceur de Jésus.

MERCREDI SAINT.

Oh ! si le bon plaisir de notre divin Maître est d'approcher de vos lèvres la coupe de sa passion, ne refusez pas les quelques gouttes qu'il vous y a laissées. Oh ! cherchez par cette participation à ses souffrances, à étancher la soif dont son Cœur paternel est consumé pour nous. Qu'il est bon ce cher Jésus! Oh! pourquoi est-il si inconnu? Pourquoi le laisse-t-on seul si souvent et si longtemps dans sa prison d'amour, je veux dire au saint Tabernacle? (MARIE-EUSTELLE.)

PRIERE. — Mon Dieu, mon unique bien, vous êtes tout pour moi, que je sois tout pour vous.

RESOLUTION. — Faire une visite à Jésus Eucharistie.

JEUDI SAINT.

N.-S. J.-C. sachant que le temps de mourir était enfin arrivé, son Cœur ne put consentir à nous abandonner seuls dans cette vallée de larmes: pour n'être pas séparé de nous, même par la mort, il voulut se laisser lui-même tout entier à nous en nourriture dans le Sacrement de l'autel, nous faisant entendre par là qu'après ce don infini il n'avait plus rien à nous donner pour nous prouver son amour

PRIERE. — Mon Dieu, mon unique bien, vous êtes tout pour moi, que je sois tout pour vous.

RESOLUTION. — Remercier N.-S. de l'institution de l'Eucharistie et du Sacerdoce.

VENDREDI SAINT.

Mon Dieu, mon Dieu, pourquoi m'avez-vous abandonné? L'inconcevable plainte! Vous, ô Jésus, le Fils bien-aimé, abandonné du Père le plus tendre. Quel martyre pour votre Cœur! Tout n'est donc pas perdu quand l'âme qui vous cherche semble privée de tout appui même dans le ciel! Vous avez voulu être délaissé dans vos peines afin que nous ne fussions pas délaissés dans nos péchés et que nous puissions répéter après vous ces paroles que votre bouche a rendues toutes-puissantes pour nous guérir:

Deus, Deus meus, utquid dereliquisti me.

PRIERE. — Mon Dieu, mon unique bien, vous êtes tout pour moi, que je sois tout pour vous.

RESOLUTION. — Adorer Jésus mourant.

SAMEDI SAINT.

L'Apôtre nous exhorte à porter l'image de Jésus crucifié sur nos corps mortels. Mais quelle main assez industrieuse pourra tracer en nous cette aimable ressemblance? Ce sera l'amour. Cet amour saintement curieux ira aujourd'hui avec Madeleine adorer le Sauveur dans sa sépulture: il contemplera ce corps innocent, gisant sur une pierre, plus froid et plus immobile que la pierre, et là, se remplissant d'une idée si sainte, il en formera les traits dans nos âmes et dans nos corps. Ces yeux si doux ne rendent plus de lumière: l'amour tiendra les nôtres clos pour toute la pompe du siècle. Cette bouche divine, je vois que l'amour l'a fermée: l'amour fermera la nôtre à jamais aux blasphèmes et aux médisances: il rendra nos cœurs pleins de glace pour les vains plaisirs: il nous sollicitera de nous jeter à corps perdu sur cet aimable mort et de nous envelopper avec lui dans son drap mortuaire. (BOSSUET.)

PRIERE. — Mon Dieu, mon unique bien, vous êtes tout pour moi, que je sois tout pour vous.

RESOLUTION. — Nous ensevelir au monde avec Jésus.

LA RÉSURRECTION DE N.-S. J.-C.

Comme J.-C. est le seul en qui tous les hommes sont morts et ensevelis, ainsi il est le seul en qui tous sont ressuscités, si bien que, si nous sommes entrés avec lui dans l'obscurité de son tombeau, nous devons aussi en sortir avec lui avec une splendeur toute céleste. (BOSSUET.)

PRIERE. — Mon Dieu, mon unique bien, vous êtes tout pour moi, que je sois tout pour vous.

RESOLUTION. — Vivre de la vie de Jésus ressuscité.

3e Dimanche après Pâques.
PATRONAGE DE SAINT JOSEPH.

Saint Joseph, établi par Dieu lui-même protecteur de la Sainte Famille, a été établi par le Souverain Pontife patron de l'Eglise universelle. C'est là un grand bienfait du Cœur de Jésus.

Quel Patronage convient mieux que celui de saint Joseph à l'époque agitée et profondément ébranlée dans laquelle nous vivons ? La vie de famille qu'est-elle devenue ? La dévotion à saint Joseph doit servir à la conserver ou même à la ramener dans une multitude de foyers d'où elle est bannie.

(Mgr DE LANGALERIE.)

PRIERE. — Mon Dieu, mon unique bien, vous êtes tout pour moi, que je sois tout pour vous.

RESOLUTION. — Nous recommander à saint Joseph.

L'ASCENSION DE N.-S. J.-C.

L'état du mystère de l'Ascension est un état parfait de consommation en Dieu, un état de triomphe et de gloire achevée, un état où il ne parait plus rien d'infirme. La gloire de Jésus ne souffre plus d'interruption ni de suspension : l'état n'en est plus supportable aux yeux des hommes.

(M. OLIER.)

PRIERE. — Mon Dieu, mon unique bien, vous êtes tout pour moi, que je sois tout pour vous.

RESOLUTION. — Penser souvent au ciel.

LA PENTECOTE.

Le Cœur de Jésus est riche de la grâce d'union accordée gratuitement par le Très-Haut à la nature humaine dans la personne du Verbe. Il possède aussi suréminemment la grâce habituelle ; or, cette plénitude de grâce comprend nécessairement la plénitude des dons. Le Cœur de Jésus, formé par le Très-Haut, s'ouvrit au regard du Saint-Esprit comme une fleur au regard de l'aurore, et sur ce Cœur, selon Isaïe, vint aussitôt se reposer l'Esprit de sagesse et d'intelligence, l'Esprit de conseil et de force, et l'Esprit de la crainte du Seigneur le remplit.

PRIERE. — Mon Dieu, mon unique bien, vous êtes tout pour moi, que je sois tout pour vous.

RESOLUTION. — Demander au Cœur de Jésus la plénitude des dons du Saint-Esprit.

LUNDI DE LA PENTECOTE.

Les apôtres sont rassemblés au Cénacle sous les ailes de celle dont le Cœur est si semblable à celui de Jésus. O merveille! Le Cénacle s'ébranle et des langues de feu se reposent sur chacun d'eux. Mais pourquoi des langues de feu? Entendez les apôtres remplis du Saint-Esprit; leur éloquence, leur science et surtout l'amour dont ils brûlent, vous diront que le Cœur de Jésus révèle par ce symbole les dons miraculeux dont il veut les combler, et surtout le don par excellence dont le Cœur de Jésus est le trône, la charité.

(Le P. Ginther.)

PRIERE. — Mon Dieu, mon unique bien, vous êtes tout pour moi, que je sois tout pour vous.

RESOLUTION. — Demander la charité au Cœur de Jésus.

DIMANCHE DE LA T. S. TRINITÉ

Rien n'est plus propre à dilater le cœur d'amour que la pensée du Père, du Fils et du Saint-Esprit. Jamais Dieu n'apparaît plus beau que quand, pénétrant dans le secret de la Sainte Trinité, on en contemple les opérations ineffables, les grandeurs divines pleinement connues par le Père, louées à l'égal de ce qu'elles méritent par le Verbe et aimées dignement par le Saint-Esprit.

(Hamon.)

PRIERE. — Mon Dieu, mon unique bien, vous êtes tout pour moi, que je sois tout pour vous.

RESOLUTION. — Glorifier la Très Sainte Trinité.

SOLENNITÉ DE LA FÊTE-DIEU.

L'Institution de la sainte Eucharistie est l'œuvre par excellence de l'amour de Jésus; c'est le chef-d'œuvre de son Cœur. L'Eucharistie, c'est Jésus se perpétuant au milieu de nous sous les espèces sacramentelles. C'est Jésus renouvelant sans cesse d'une manière adaptée à son état glorifié, tous les mystères d'immolation et d'amour de sa vie mortelle; résumant dans un acte solennel, c'est-à-dire dans le Saint sacrifice de la messe, chacun de ses mystères.

PRIÈRE. — Mon Dieu, mon unique bien, vous êtes tout pour moi, que je sois tout pour vous.

RÉSOLUTION. — Remercier Jésus de l'institution de la Sainte Eucharistie.

Vendredi après l'octave du Saint-Sacrement.
FÊTE DU SACRÉ-CŒUR DE JÉSUS.

« Voilà ce Cœur qui a tant aimé les hommes. Je te demande que le premier vendredi après l'Octave du Saint-Sacrement soit dédié à une fête particulière pour honorer mon Cœur, en communiant ce jour-là, et en lui faisant réparation d'honneur par une amende honorable, pour réparer les indignités qu'il a reçues pendant le temps qu'il a été exposé sur les autels. Je te promets que mon Cœur se dilatera pour répandre avec abondance les influences de son amour sur ceux qui lui rendront cet honneur. »

(*N.-S. à la B. Marguerite-Marie.*)

PRIÈRE. — Mon Dieu, mon unique bien, vous êtes tout pour moi, que je sois tout pour vous.

RESOLUTION. — Communier ce jour-là, et faire amende honorable au Sacré-Cœur.

Dimanche dans l'octave de l'Assomption.
S. JOACHIM, PÈRE DE LA Ste VIERGE

O glorieux Patriarche, saint Joachim, combien je me réjouis de penser que vous avez été choisi pour enrichir le monde de la très Sainte Vierge Marie, Mère de Dieu ! Par ce privilège, vous êtes devenu très puissant auprès de la Mère et du Fils. Obtenez-moi une dévotion et une obéissance sincères à la Sainte Eglise et au Souverain Pontife qui la gouverne, afin que je vive et meure dans la foi, l'espérance et la charité

PRIERE. — Mon Dieu, mon unique bien, vous êtes tout pour moi, que je sois tout pour vous.

RESOLUTION. — Honorer saint Joachim.

Dimanche après l'octave de l'Assomption.
LE TRÈS PUR CŒUR DE MARIE.

Nul n'a connu comme Marie la vie intérieure de Jésus, Notre-Dame du Sacré-Cœur ! Oui, vraiment, ô Marie, ce nom vous appartient ; car pour vous ce Cœur adorable a été transparent, vous en avez vu comme à découvert toutes les pensées, tous les mouvements, tous les sentiments. Votre Cœur a été un miroir où se sont réfléchis tous les traits du Cœur de votre Fils. Pour nous révéler le Cœur de Jésus, vous n'avez qu'à nous révéler le vôtre. (Mgr PIE.)

PRIERE. — Mon Dieu, mon unique bien, vous êtes tout pour moi, que je sois tout pour vous.

RESOLUTION. — Demander à Marie la connaissance du Cœur de Jésus.

Dimanche dans l'octave de la Nativité de la B. Vierge Marie. — LE S. NOM DE MARIE

Le Nom de Marie signifie étoile de la mer. Ce Nom convient merveilleusement à la Vierge Mère ; car, de même que l'astre émet le rayon de son sein sans en éprouver aucune altération, ainsi la Vierge Marie a enfanté son Fils sans rien perdre de sa virginité. Elle est bien cette étoile de Jacob qui brille dans les cieux illumine le monde, échauffe les cœurs bien plus que les corps, consume les vices et favorise les vertus.

(S. BERNARD.)

PRIERE. — Mon Dieu, mon unique bien, vous êtes tout pour moi, que je sois tout pour vous.
RESOLUTION. — Invoquer le Nom de Marie.

Dimanche après l'octave de la Nativité de la B. Vierge Marie. NOTRE-DAME DES SEPT DOULEURS.

Comme femme et comme vierge si délicate et si tendre, Marie a le Cœur fait pour souffrir ; mais comme Mère, quel amour ! L'amour même de Dieu est dans son Cœur pour ce divin Fils qui n'a pas de père sur la terre. Mais sa douleur est proportionnée à cet amour ainsi qu'aux douleurs qu'endure le Cœur de Jésus et quelles douleurs ! Elles se reproduisent toutes en Marie

(LE P. DE RAVIGNAN.)

PRIERE. — Mon Dieu, mon unique bien, vous êtes tout pour moi, que je sois tout pour vous.
RESOLUTION. — Compatir aux douleurs de Marie.

1er dim. d'octobre. — LE T. S. ROSAIRE.

L'Eglise chante en l'honneur de la Mère de Dieu une parole dont on ne comprend peut-être pas toujours le sens profond : Réjouissez-vous, ô Vierge Marie ; c'est vous qui, seule, avez triomphé de toutes les erreurs dans le monde entier. Dans la grande lutte que l'orgueil humain a entreprise de nos jours contre la vérité chrétienne, nous devons revenir sans cesse à Marie ; le Souverain Pontife ne nous invite-t-il pas pour chaque année à nous armer du saint Rosaire pour triompher des ennemis de N.-S. et de son Eglise ? (Le Cardinal Richard.)

PRIERE. — Mon Dieu, mon unique bien, vous êtes tout pour moi, que je sois tout pour vous.

RESOLUTION. — Etre fidèle à réciter le chapelet.

2e dim. d'oct. — LA MATERNITÉ DIVINE

Dieu ne peut manquer de combler d'une gloire unique dans les cieux celle qui est sa Mère et qu'il a prévenue sur la terre d'une grâce unique par laquelle s'accomplit en elle l'ineffable merveille d'une conception virginale et d'un enfantement qui laissent la Vierge intacte. La seule naissance qui convenait à un Dieu, c'était de naître d'une Vierge. (S. Bernard.)

PRIERE. — Mon Dieu, mon unique bien, vous êtes tout pour moi, que je sois tout pour vous.

RESOLUTION. — Honorer le Cœur de Jésus formé du plus pur sang de Marie.

3ᵉ dim. d'oct. — LA PURETÉ DE MARIE

J'étais de toute éternité dans la pensée et le Cœur de Jésus et dès mon enfance le Saint-Esprit a été avec moi, et, à mesure que j'avançais en âge, le Saint-Esprit me remplissait davantage, de sorte qu'il n'y avait en moi aucun vide où le péché pût s'introduire. C'est pourquoi je n'ai jamais commis aucune faute, ni mortelle ni vénielle. J'étais tellement enflammée de l'amour de Dieu que rien ne me plaisait, si ce n'est de faire parfaitement sa volonté. Le feu de la divine charité brûlait continuellement dans mon Cœur.

(Révélation de la vierge à sainte Brigitte.)

PRIERE. — Mon Dieu, mon unique bien, vous êtes tout pour moi, que je sois tout pour vous.

RESOLUTION. — Vénérer la pureté de Marie.

4ᵉ dimanche d'octobre. — LE PATRONAGE DE MARIE.

Dans la création, Dieu a voulu réunir toutes les lumières de la nature dans le soleil; de même dans la réparation du monde il a mis toutes les lumières de la grâce dans le Cœur de Marie pour les dispenser à tous les fidèles. Elle est donc Reine par naissance et par élection. Jésus lui-même était soumis à l'autorité de sa Mère. La voix de la Vierge était la loi de J.-C. En effet, c'est dans ses veines sacrées qu'il a puisé tout le sang qu'il a répandu sur la croix; ce sang a coulé du corps de Marie dans le Cœur de Jésus.

(Le P. Lefèvre.)

PRIERE. — Mon Dieu, mon unique bien, vous êtes tout pour moi, que je sois tout pour vous.

RESOLUTION. — Aller à Jésus par Marie.

Dimanche dans l'octave de la Toussaint. —
LA FÊTE DES SAINTES RELIQUES.

Qu'y a-t-il de plus juste que d'honorer un tel Cœur et de se dévouer entièrement à lui ? La vénération que nous avons pour les Saints nous porte à rendre un culte spécial à leur cœur, comme à la plus noble et à la plus précieuse de leurs reliques ; combien plus de-nous-nous révérer dans le Saint des Saints son Cœur sacré, dont les éminentes perfections surpassent les belles qualités du leur, beaucoup plus que la splendeur du soleil ne surpasse la clarté des étoiles

(Mgr l'evêque de Boulogne en 1765.)

PRIERE. — Mon Dieu, mon unique bien, vous êtes tout pour moi, que je sois tout pour vous.

RESOLUTION. — Honorer le Cœur de Jésus.

Le 3ᵉ dimanche de novembre.
LA DÉDICACE DES ÉGLISES.

De même que dans les temples bâtis par la main des hommes, il y a une partie plus réservée, plus auguste, où, près de l'autel principal, brûle la lampe du sanctuaire, de même dans la personne du Verbe incarné, c'est tout spécialement le Cœur de Jésus qui est le temple saint de Dieu, le tabernacle du Très-Haut, la porte du ciel. Entrons dans ce sanctuaire vivant, où siègent la grâce et la miséricorde.

(Le Cardinal Perraud.)

PRIERE. — Mon Dieu, mon unique bien, vous êtes tout pour moi, que je sois tout pour vous.

RESOLUTION. — Entrer dans le Cœur de Jésus.

L'AVENT.

Songeons, mes frères, à l'avènement prochain de notre Juge. Plaise à Dieu qu'il nous trouve aussi bien préparés que nous sommes assurés de le voir venir. Il viendra avec le corps qu'il a revêtu pour nous sauver, ce corps percé de la lance pour guérir nos blessures.

Il est à craindre que J.-C., nous montrant ses précieux stigmates, ne nous dise au moment de nous juger : « Mets ici ton doigt, et vois mes plaies. Apporte ta main, place-la dans mon côté et reconnais ce que, pour toi et par toi, j'ai souffert. » (S. Eucher.)

PRIERE. — Mon Dieu, mon unique bien, vous êtes tout pour moi, que je sois tout pour vous.

RESOLUTION. — Nous préparer au jugement de Dieu.

PRIÈRES AU SACRÉ-CŒUR

Invocations.

1. Mon Jésus miséricorde ! (*Indulgence de 100 j. applicable aux âmes du purgatoire.*)

2. Cœur sacré de Jésus ayez pitié de nous. Cœur Immaculé de Marie, priez pour nous. (*Indulgence de 100 j. à chacune de ces invocations.*)

3. Doux Cœur de Jésus soyez mon amour. Doux Cœur de Marie soyez mon salut. (*Indulgence de 300 j. à chacune de ces invocations. Indulgence plénière chaque mois à ceux qui les auront récitées tous les jours : confession, communion visite d'une église en y priant aux intentions du Souverain Pontife.*)

4. Jésus doux et humble de Cœur, rendez mon cœur semblabe au vôtre (*Indulgence de 300 jours.*)

5. Père éternel, je vous offre le sang très précieux de Jésus-Christ en expiation de mes péchés et pour les besoins de la Sainte Eglise. (*Indulgence de 100 jours.*)

6. Notre-Dame du Sacré-Cœur, priez pour nous. (*Indulgence de 100 jours.*)

7. Aimé soit partout le Sacré-Cœur de Jésus. (*Indulgence de 100 jours.*)

8. Loué et adoré, aimé et remercié soit à tous les moments le Cœur de Jésus, dans tous les tabernacles du monde, jusqu'à la consommation des siècles. (*Indulg. de 100 j.*)

Prière de saint Thomas d'Aquin que récitait souvent saint Ignace de Loyola.

Ame de Jésus, sanctifiez-moi. Corps de Jésus, sauvez-moi. Cœur de Jésus, embrasez-moi. Sang de Jésus, enivrez-moi. Eau du côté de Jésus, lavez-moi. Passion de Jésus, fortiflez-moi. O bon Jésus, exaucez-moi. Cachez-moi dans vos plaies. Ne permettez pas que je m'éloigne jamais de vous. Défendez-moi contre le malin esprit. Appelez-moi à l'heure de la mort et commandez que j'aille à vous, afin que je puisse vous louer avec vos Saints dans les siècles des siècles. Ainsi soit-il. *Indulgence de 300 jours chaque fois qu'on récite cette prière. Indulgence de 7 ans et 7 quarantaines, si on la récite en action de grâces après la communion. Indulgence plénière une fois le mois aux conditions ordinaires, si on l'a récitée tous les jours.)*

Amende honorable pour le premier vendredi du mois.

O Cœur sacré de mon Jésus, que ne puis-je arroser de mes larmes et laver de mon sang les lieux où les marques de votre tendre amour n'ont été reçues qu'avec outrage, mépris ou indifférence ! En réparation de tant d'injures, je vous offre l'amour de toutes les âmes justes qui vivent maintenant ou qui vivront plus tard sur la terre, les ardeurs des anges et des saints du paradis, et surtout les sentiments de tendresse de votre Mère Immaculée. Permettez-moi, ô mon aimable Jésus, d'unir à cette précieuse offrande celle de toutes les affections et de tous les bons désirs de mon propre cœur.

Cœur sacré de Jésus, humblement prosternés devant vous, nous venons vous renouveler notre consécration, avec la résolution de réparer les outrages des hommes par un accroissement de fidélité et d'amour envers vous.

Oui, nous le jurons :

Plus on blasphémera vos mystères, plus nous les croirons, ô Cœur sacré de Jésus.

Plus l'impiété s'efforcera de nous enlever

nos immortelles espérances, plus nous espérerons en vous, ô Cœur unique espoir des mortels.

Plus les cœurs ingrats résisteront à vos divins attraits, plus nous vous aimerons, ô Cœur infiniment aimable de Jésus !

Plus on attaquera votre divinité, plus nous l'adorerons, ô divin Cœur de Jésus !

Plus vos saintes lois seront oubliées et transgressées, plus nous les observerons, ô Cœur très saint de Jésus !

Plus vos sacrements seront méprisés et abandonnés, plus nous les recevrons avec amour et respect, ô Cœur libéral de Jésus !

Plus vos adorables vertus seront méconnues, plus nous nous efforcerons de les pratiquer, ô Cœur modèle de toutes les vertus !

Plus l'enfer travaillera à la perte des âmes, plus nous nous enflammerons du désir de leur salut, ô Cœur de Jésus, zélateur des âmes !

Plus le sensualisme et l'orgueil tendront à détruire l'abnégation et l'amour du devoir, plus nous nous attacherons à l'esprit de renoncement et de sacrifice, ô Cœur de Jésus rassasié d'opprobres !

Cœur de notre Dieu, donnez-nous une grâce si grande et si efficace que nous puissions être vos disciples et vos apôtres au milieu du monde, et que vous fassiez nos délices dans la bienheureuse éternité. Ainsi soit-il.

Amende honorable au Sacré-Cœur.

Divin Sauveur Jésus ! daignez abaisser un regard de miséricorde sur vos gardes d'honneur qui, réunis dans une même pensée de foi, de réparation et d'amour, viennent déplorer à vos pieds leurs infidélités et celles des pauvres pécheurs, leurs frères ! Puissions-nous, par les promesses unanimes et solennelles que nous allons faire, toucher votre divin Cœur, en obtenir miséricorde pour nous, pour le monde malheureux et coupable, pour tous ceux qui n'ont pas le bonheur de vous aimer.

À L'AVENIR, OUI, TOUS NOUS LE PROMETTONS !

De l'oubli et de l'ingratitude des hommes.
Les assistants : *Nous vous consolerons, Seigneur !*
De votre délaissement au Saint Tabernacle,
Des crimes des pécheurs,
De la haine des impies,
Des blasphèmes qu'on vomit contre vous,
Des injures faites à votre Divinité,
Des sacrilèges par lesquels on profane votre sacrement d'amour,
Des immodesties et des irrévérences commises en votre présence adorable,
Des trahisons dont vous êtes l'adorable victime,
De la froideur du plus grand nombre de vos enfants,
Du dédain que l'on fait de vos avances pleines d'amour,
Des infidélités de ceux qui se disent vos amis,
De nos résistances à vos grâces,
De nos propres infidélités,
De l'incompréhensible dureté de nos cœurs,
De nos longs retards à vous aimer.
De notre lâcheté dans votre saint service,
De l'amère tristesse où vous plonge la perte des âmes,
De vos longues attentes à la porte de nos cœurs,
Des amers rebuts dont on vous abreuve,
De vos soupirs d'amour,
De vos larmes d'amour,
De votre captivité d'amour,
De votre martyre d'amour.

ORAISON

Divin Sauveur Jésus, qui avez laissé échapper de votre Cœur cette douloureuse plainte : « J'ai cherché des consolateurs et je n'en ai point trouvé », daignez agréer le faible tribut de nos consolations, et nous assister si puissamment du secours de votre grâce, qu'à l'avenir, fuyant de plus en plus tout ce qui pourrait vous déplaire, nous nous montrions, en tout, partout et toujours, vos fidèles et dévoués gardes d'honneur. Nous vous le demandons par votre Cœur, ô Vous qui, étant Dieu avec le Père et le Saint-Esprit, vivez et régnez dans les siècles des siècles. Ainsi soit-il.

La première consécration au Sacré-Cœur de Jésus composée par la Bienheureuse Marguerite-Marie.

> « Il m'a promis que tous ceux qui lui auront été dévoués et consacrés ne périront jamais. »
> B. MARGUERITE-MARIE

Je N. N. me donne et consacre au Sacré-Cœur de Notre-Seigneur Jésus-Christ ma personne et ma vie, mes actions, peines et souffrances, pour ne plus vouloir me servir d'aucune partie de mon être que pour l'honorer, aimer et glorifier.

C'est ici ma volonté irrévocable que d'être tout à lui et faire tout pour son amour, en renonçant de tout mon cœur à tout ce qui lui pourrait déplaire.

Je vous prends donc, ô Sacré-Cœur, pour l'unique objet de mon amour, le protecteur de ma vie, l'assurance de mon salut, le remède de ma fragilité et de mon inconstance, le réparateur de tous les défauts de ma vie et mon asile assuré à l'heure de ma mort.

Soyez donc, ô Cœur de bonté ! ma justification envers Dieu le Père et détournez de moi les traits de sa juste colère. O Cœur d'amour, je mets toute ma confiance en vous, car je crains tout de ma malice et de ma faiblesse, mais j'espère tout de votre bonté.

Consumez donc en moi tout ce qui vous peut déplaire ou résister ! que votre pur amour s'imprime si avant dans mon cœur que jamais je ne puisse vous oublier, ni être séparée de vous, que je conjure, par toutes vos bontés, que mon nom soit écrit en vous, puisque je veux faire consister tout mon bonheur et toute ma gloire à vivre et à mourir en qualité de votre esclave. (*300 jours d'indulgence applicable aux âmes du purgatoire. Léon XIII, 1er juin 1897.*)

Acte de consécration au Sacré-Cœur.

Pour réparation de tant d'outrages et de si cruelles ingratitudes, ô très adorable et très aimable Cœur de mon aimable Jésus, et pour éviter autant qu'il est en mon pouvoir de tomber dans un semblable malheur, je vous offre mon cœur avec tous les mouvements dont il est capable, je me donne tout entier à vous, et dès cette heure, je proteste très sincèrement que je désire m'oublier moi-même et tout ce qui peut avoir de rapport avec moi, pour lever l'obstacle qui pourrait m'empêcher l'entrée de ce divin Cœur, que vous avez eu la bonté de m'ouvrir et où je souhaite entrer pour y vivre et mourir avec vos fidèles serviteurs, tout pénétré et embrasé de votre amour. J'offre à ce Cœur tout le mérite, toute la satisfaction de toutes les messes, de toutes les prières, de toutes les actions de mortification, de toutes les pratiques religieuses, de toutes les actions de zèle, d'humilité, d'obéissance et de toutes les autres vertus que je pratiquerai jusqu'au dernier moment de ma vie.

(LE V. P. DE LA COLOMBIÈRE.)

Formule de consécration au Sacré-Cœur de Jésus, prescrite par Sa Sainteté le Pape Léon XIII dans sa Bulle du 25 mai 1900.

Très doux Jésus, Rédempteur du genre humain, jetez un regard sur nous, qui sommes humblement prosternés devant votre autel. Nous sommes à vous, nous voulons être à vous, et afin de pouvoir vous être plus fermement unis, voici que, en ce jour, chacun de nous se consacre spontanément à votre Sacré-Cœur.

Beaucoup ne vous ont jamais connu ; beaucoup ont méprisé vos commandements et vous ont renié. Miséricordieux Jésus, ayez pitié des uns et des autres, et ramenez-les tous à votre Sacré-Cœur.

Seigneur, soyez le Roi, non seulement des fidèles qui ne se sont jamais éloignés de vous, mais aussi des enfants prodigues qui vous ont abandonné ; faites qu'ils rentrent bientôt dans la maison paternelle, pour qu'ils ne périssent pas de misère et de faim.

Soyez le Roi de tous ceux que des opinions erronées ont trompés et de ceux que la discorde a désunis ; ramenez-les au port de la vérité et à l'unité de la foi, afin que bientôt il n'y ait plus qu'un troupeau et qu'un pasteur.

Soyez enfin le Roi de tous ceux qui sont encore attachés aux antiques superstitions païennes, et ne refusez pas de les arracher aux ténèbres pour les conduire à la lumière et au royaume de Dieu.

Accordez, Seigneur, à votre Eglise, une liberté sûre et sans entraves ; accordez à tous les peuples l'ordre et la paix ; faites que, d'un pôle du monde à l'autre. une seule voix retentisse :

« Loué soit le divin Cœur qui nous a acquis le salut ; à Lui, gloire et honneur dans tous les siècles. » Ainsi soit-il.

Acte d'abandon au Sacré-Cœur.

Sacré-Cœur de Jésus, apprenez-moi le parfait oubli de moi-même, puisque c'est la seule voie par où l'on peut entrer en vous ; faites en sorte que je ne fasse rien qui ne soit digne de vous ; enseignez-moi ce que je dois faire pour parvenir à la pureté de votre amour duquel vous m'avez inspiré le désir. Je sens en moi une grande volonté de vous plaire et une grande impuissance d'en venir à bout sans une lumière et un secours très particuliers que je ne puis attendre que de vous. Faites en moi votre volonté, Seigneur ; je m'y oppose, je le sens bien ; mais je voudrais bien ne pas m'y opposer. C'est à vous à tout faire, divin Cœur de Jésus ; vous seul aurez toute la gloire de ma sanctification, si je me fais saint ; cela me parait plus clair que le jour ; mais ce sera pour vous une grande gloire, et c'est pour cela seulement que je veux désirer la perfection. Ainsi soit-il.   (LE V. P. DE LA COLOMBIÈRE.)

Acte de demande d'union parfaite avec le Cœur de Jésus.

Que ferez-vous, Seigneur, pour vaincre la dureté de nos cœurs ? Je ne vois qu'une seule ressource dans un si grand mal : il faut, ô mon Dieu, il faut que vous nous donniez un autre cœur, un cœur tendre, un cœur sensible, un cœur qui ne soit ni de marbre, ni de bronze ; il nous faut donner un cœur tout semblable au vôtre, il nous faut donner votre Cœur même. Venez, aimable Cœur de Jésus, venez vous placer au milieu de ma poitrine et allumez-y un amour qui réponde, s'il est possible, aux obligations que j'ai d'aimer Dieu. Aimez Dieu en moi autant que vous m'avez aimé en lui ; faites que je ne vive qu'en lui, afin qu'éternellement je puisse vivre avec lui dans le ciel. Amen. (LE V. P. DE LA COLOMBIÈRE.)

Consécration abrégée au Sacré-Cœur de Jésus

Mon aimable Jésus, pour vous témoigner ma reconnaissance et en réparation de mes infidélités, moi N. je vous donne mon cœur, je me consacre entièrement à vous ; je me propose avec votre sainte grâce, de ne plus vous offenser.

Acte de consécration des familles chrétiennes au Sacré-Cœur de Jésus.

Désirant mettre ma famille sous la protection spéciale du Cœur de Jésus, je déclare me consacrer entièrement à lui avec tous les miens, et comme gage de ma ferme et sincère volonté de l'aimer et de le servir, je promets :

1° De sanctifier le jour du dimanche et de le faire sanctifier par ceux qui dépendent de moi ;

2° De m'opposer au blasphème de tout mon pouvoir ;

3° De remplir fidèlement mes devoirs de chrétien et de me montrer toujours soumis et obéissant à notre mère la Sainte Eglise catholique, apostolique et romaine, notamment en ne favorisant jamais les écoles sans Dieu et en refusant toute participation aux sectes condamnées et anathématisées par elle ;

4° De réciter chaque jour à la prière du soir un Pater et un Ave pour les familles chrétiennes, avec ces invocations :

Cœur sacré de Jésus, ayez pitié de nous.

Cœur immaculé de Marie, priez pour nous.

Saint Joseph, patron de l'Eglise et protecteur des familles chrétiennes, priez pour nous ;

5° De renouveler chaque année la présente consécration le jour de la fête du Sacré-Cœur.

(Signature.)

Litanies du Sacré-Cœur de Jésus.

Seigneur, ayez pitié de nous.

Jésus-Christ, ayez pitié de nous.

Seigneur, ayez pitié de nous.

Jésus-Christ, écoutez-nous.

Jésus-Christ, exaucez-nous.

Père céleste qui êtes Dieu, ayez pitié de nous.

Dieu le Fils, Rédempteur du monde,

Esprit-Saint qui êtes Dieu,

Sainte Trinité, qui êtes un seul Dieu,

1. Cœur de Jésus, Fils du Père Eternel,

2. Cœur de Jésus, formé par le Saint-Esprit dans le sein de la Vierge Marie.

3. Cœur de Jésus, uni substantiellement au Verbe,

4. Cœur de Jésus, souveraine majesté,

5. Cœur de Jésus, temple saint du Seigneur,

6. Cœur de Jésus, tabernacle du Très-Haut,

7. Cœur de Jésus, maison de Dieu et porte du Ciel,

8. Cœur de Jésus, fournaise ardente de la charité,

9. Cœur de Jésus, sanctuaire de la justice et de l'amour,

10. Cœur de Jésus, plein d'amour et de bonté,

11. Cœur de Jésus, abîme de toutes les vertus,

12. Cœur de Jésus, très digne de toutes les louanges,

13. Cœur de Jésus, roi et centre de tous les cœurs,
14. Cœur de Jésus, dans lequel sont tous les trésors de la sagesse et de la science,
15. Cœur de Jésus, dans lequel réside la plénitude de la divinité,
16. Cœur de Jésus, objet des complaisances du Père céleste,
17. Cœur de Jésus, dont la plénitude se répand sur nous,
18. Cœur de Jésus, le désiré des collines éternelles,
19. Cœur de Jésus, patient et très miséricordieux,
20. Cœur de Jésus, libéral pour tous ceux qui vous invoquent,
21. Cœur de Jésus, source de vie et de sainteté,
22. Cœur de Jésus, propitiation pour nos péchés,
23. Cœur de Jésus, rassasié d'opprobres,
24. Cœur de Jésus, broyé à cause de nos péchés,
25. Cœur de Jésus, obéissant jusqu'à la mort,
26. Cœur de Jésus, percé par la lance,
27. Cœur de Jésus, source de toute consolation,
28. Cœur de Jésus, notre vie et notre résurrection,
29. Cœur de Jésus, notre paix et notre réconciliation,
30. Cœur de Jésus, victime des pécheurs,
31. Cœur de Jésus, salut de ceux qui espèrent en vous,
32. Cœur de Jésus, espérance de ceux qui meurent dans votre amour,
33. Cœur de Jésus, délices de tous les Saints,

Agneau de Dieu qui effacez les péchés du monde, pardonnez-nous, Jésus.

Agneau de Dieu qui effacez les péchés du monde, exaucez-nous, Jésus.

Agneau de Dieu qui effacez les péchés du monde, ayez pitié de nous, Jésus.

℣ Jésus doux et humble de cœur,

℟ Rendez notre cœur semblable au vôtre.

ORAISON

Dieu tout-puissant et éternel, regardez le Cœur de votre Fils bien-aimé ; soyez attentif aux louanges et aux satisfactions qu'il vous offre au nom des pécheurs. Apaisé par ces divins hommages, pardonnez à ceux qui implorent votre miséricorde au nom de ce même Jésus-Christ, votre Fils, qui vit et règne avec vous en l'unité du Saint-Esprit, dans les siècles des siècles. Ainsi soit-il.

Prière pour implorer la miséricorde divine.

O Jésus ! divin Rédempteur, soyez-nous miséricordieux ! miséricorde pour nous et pour tout le monde entier. Amen.

Dieu fort ! Dieu saint ! Dieu immortel ! ayez pitié de nous et de tout le monde. Amen.

Grâce et miséricorde, mon Jésus ! Pendant les dangers présents, couvrez-nous de votre sang précieux et de la protection de votre divin Cœur. Amen.

Père Éternel, faites-nous miséricorde au nom du sang de votre Fils unique, faites-nous miséricorde au nom de ses plaies sacrées et de son Cœur adorable ; faites-nous miséricorde, nous vous en conjurons. Amen, amen, amen !

Acte d'abandon à la volonté de Dieu.

Que la souveraine volonté de Dieu, toujours juste, toujours aimable, soit faite en toutes choses ; qu'elle soit toujours louée et exaltée pendant l'éternité.

LA SAINTE-FAMILLE

Le pape Pie VII a accordé à perpétuité à ceux qui réciteront avec un cœur contrit l'acte précédent : 1° cent jours d'indulgence une fois le jour ; 2° une indulgence plénière une fois par an à ceux qui le réciteront tous les jours de l'année, le jour, à leur choix, où s'étant confessés et ayant communié, ils prieront selon les intentions de l'Eglise ; 3° une indulgence plénière, à l'article de la mort, à ceux qui l'auront récité fréquemment pendant leur vie. Les deux premières indulgences sont applicables aux âmes du purgatoire.

Prière à réciter chaque fois devant une image de la Sainte Famile.

O Jésus, plein d'amour, qui par vos ineffables vertus et les exemples de votre vie domestique, avez sanctifié la famille choisie par vous sur cette terre, daignez arrêter vos regards sur la nôtre, prosternée là, devant vous, pour implorer votre miséricorde. Souvenez-vous que cette famille vous appartient, car nous vous l'avons offerte et consacrée. Assistez-la de vos bontés, défendez-la dans tout péril, secourez-la dans ses besoins et donnez-lui la grâce de persévérer dans l'imitation de votre sainte famille, afin que, fidèle à vous servir et à vous aimer ici-bas, elle puisse vous bénir éternellement dans le ciel.

Marie, ô très douce Mère, nous recourons à votre intercession, assurés que votre Fils exaucera vos prières.

Et vous aussi, glorieux Patriarche saint Joseph, aidez-nous de votre puissante médiation et offrez nos vœux à Jésus en les faisant passer par les mains de Marie *(300 jours d'indulgence une fois par jour.)*

Jésus, Marie, Joseph, éclairez-nous, protégez-nous, sauvez-nous. Ainsi soit-il. *(900 jours d'indulgence deux fois par jour.)*

SAINTE ANNE ET SAINT JOACHIM

PRIÈRE. — O Dieu, qui avez choisi saint Joachim et sainte Anne de préférence à tous vos Saints pour être les parents de la Mère de votre Fils, accordez-nous, s'il vous plaît, qu'en leur rendant sur la terre un culte religieux, nous méritions d'obtenir leur protection dans le ciel. Ainsi soit-il.

Prière enseignée par Notre Seigneur à la Bienheureuse Marguerite-Marie.

Un jour que le désir de recevoir N.-S. me tourmentait, je lui dis : Mon Seigneur, apprenez-moi ce que vous voulez que je vous dise. « Rien, me répondit-il, sinon ces paroles : Mon Dieu, mon Unique et mon Tout, vous êtes tout pour moi, je suis toute pour vous. » Elles te garderont de toutes sortes de tentations, elles suppléeront à tous les actes que tu voudrais faire, et te serviront de préparation en tes actions.

Le Rosaire.

Mystères Joyeux.

1º L'Incarnation : on demandera l'humilité.

2º La Visitation : on demandera la charité.

3º La Naissance de N.-S. : on demandera le détachement.

4º La Purification : on demandera la pureté.

5º Jésus-Christ retrouvé dans le temple : on demandera l'obéissance.

Mystères Douloureux.

1º L'Agonie de N.-S. : on demandera la contrition.

2º La Flagellation : on demandera la mortification.

3º Le Couronnement d'épines : on demandera la patience.

4º Le Portement de croix : on demandera la résignation.

5º Le Crucifiement : on demandera la persévérance.

Mystères Glorieux.

1º La Résurrection : on demandera la foi.

2º L'Ascension : on demandera le désir du ciel.

NOTRE-DAME DU BON CONSEIL

3º La Descente du Saint-Esprit : on demandera le recueillement.

4º L'Assomption : on demandera la grâce d'une bonne mort.

5º Le Couronnement de Marie : on demandera l'union avec Jésus et Marie.

Prière à Notre-Dame du Bon Conseil.

O très glorieuse Vierge Marie, choisie par le conseil éternel pour être la Mère du Verbe incarné, trésorière des grâces divines et avocate des pécheurs, moi, le plus indigne de vos serviteurs, je recours à vous, afin que vous daigniez être mon guide et mon conseil dans cette vallée de larmes.

Obtenez-moi par le très précieux sang de votre divin Fils le pardon de mes péchés, le salut de mon âme et les moyens nécessaires pour l'accomplir. Obtenez que la sainte Eglise triomphe de ses ennemis et que le règne de Jésus-Christ s'étende par toute la terre. Ainsi soit-il. *(100 jours d'indulgence une fois par jour.)*

Prière composée par S. S. Pie IX.

Arrête ! le Sacré-Cœur de Jésus est là : Ouvrez-moi votre Cœur. ô Jésus, montrez-moi ses charmes, unissez-moi à lui pour toujours. Que toutes les respirations et les palpitations de mon cœur, qui ne cessent pendant mon sommeil, vous soient un témoignage de mon amour et vous disent sans cesse : oui, Seigneur, je vous aime. Recevez, Seigneur, le peu de bien que je vous fais, faites-moi la grâce de réparer le mal afin que je vous loue dans le temps et vous bénisse pendant toute l'éternité. Ainsi soit-il.

Hymne Veni Creator Spiritus.

(Traduction faite par le P. CLAIR)

1. O Créateur, Esprit divin,
Venez et visitez nos âmes,
Remplissez de célestes flammes
Les cœurs que forma votre main.

2. On vous nomme Consolateur,
Du Très-Haut présent ineffable,
Feu divin, source inépuisable
D'amour et de sainte douceur.

3. Trésor des sept dons précieux,
Doigt de Dieu, promesse du Père,
Qui faites parler à la terre
La sublime langue des Cieux.

4. Eclairez-nous, pure splendeur ;
Saint amour, embrasez nos âmes ;
Que la chair infirme en vos flammes
Puise une constante vigueur.

5. Chassez l'ennemi loin de nous,
Et ramenez la paix féconde ;
Pour fuir tous les maux, que le monde
Se laisse gouverner par vous.

6. Souffle du Père et du Fils,
Faites-nous connaître le Père,
Le Verbe et Vous ; qu'à ce mystère
La foi nous maintienne soumis.

7. Gloire à Jésus ressuscité,
Au Père créateur du monde,
Au Saint-Esprit qui le féconde,
Pour le temps et l'éternité.

Oraison universelle de Clément XI.

Mon Dieu, je crois en vous, mais fortifiez ma foi ; j'espère en vous, mais affermissez mon espérance ; je me repens d'avoir péché, mais augmentez mon repentir. Je vous adore comme mon premier principe, je vous désire comme ma dernière fin ; je vous loue comme mon bienfaiteur continuel ; je vous invoque comme mon souverain Seigneur.

Mon Dieu, dirigez-moi par votre sagesse, contenez-moi par votre justice dans la ligne de mes devoirs ; consolez-moi par votre miséricorde, et protégez-moi par votre puissance.

Je vous consacre, ô mon Dieu, mes pensées, mes paroles, mes actions, mes souffrances, afin que désormais je ne pense qu'à vous, je ne parle que de vous, je n'agisse que selon vous, et que je ne souffre que pour vous.

Seigneur, je veux ce que vous voulez, parce que vous le voulez, comme vous le voulez et autant que vous le voulez. Je vous prie d'éclairer mon entendement, d'embraser ma volonté, de purifier mon corps et de sanctifier mon âme.

Mon Dieu, aidez-moi à expier mes offenses passées, à surmonter mes tentations à l'avenir, à corriger les passions qui me dominent, et à pratiquer les vertus propres à ma condition.

Accordez-moi, Dieu de bonté, la grâce de vous aimer et de me haïr moi-même, d'être plein de zèle pour mon prochain et de mépris pour le monde.

Que je m'applique à obéir à mes supérieurs, à secourir mes inférieurs, à être fidèle à mes amis et indulgent à mes ennemis.

Que j'étouffe la volupté par la mortification, l'avarice par l'aumône, la colère par la douceur, la tiédeur par la dévotion.

Mon Dieu, rendez-moi prudent dans les entreprises, courageux dans les dangers, patient dans les traverses, et humble dans les succès.

Faites, Seigneur, que je sois attentif dans mes prières, sobre dans mes repas, exact dans mes emplois et ferme dans mes résolutions.

Seigneur, inspirez-moi le soin d'avoir toujours une conscience droite, un extérieur modeste, une conversation édifiante et une conduite régulière.

Que je m'applique sans cesse à dompter la nature, à seconder la grâce, à garder vos commandements, et à mériter le salut.

Mon Dieu, découvrez-moi quelle est la petitesse de la terre, la grandeur du ciel, la brièveté de la vie et la longueur de l'éternité.

Faites que me prépare à une bonne mort, que je craigne votre jugement, que j'évite l'enfer et que j'obtienne le Paradis.

Je vous demande toutes ces grâces, ô mon Dieu, par l'intercession de la sainte Vierge, de mon saint Patron, et le suffrage de l'Eglise universelle. Ainsi soit-il.

Quinze minutes devant le très Saint-Sacrement

Loué soit Jésus-Christ.

Mon enfant, il n'est pas nécessaire de savoir beaucoup pour me plaire, il suffit de m'aimer beaucoup.

Parle-moi simplement comme tu parlerais à ton ami intime.

N'as-tu pas des personnes à me recommander ? — Dis-moi le nom de tes parents, de tes frères, de tes sœurs, de tes amis ; après chacun de ces noms ajoute ce que tu voudrais que je fisse pour eux... Demande beaucoup, beaucoup ; j'aime les cœurs généreux qui s'oublient pour les autres. Parle-moi des pauvres que tu voudrais soulager, des malades que tu as vu souffrir, des méchants que tu voudrais convertir, des personnes qui se sont éloignées de toi et que tu voudrais ramener à ton affection. — Pour tous, récite une prière fervente. Rappelle-moi que j'ai promis d'exaucer toute prière faite en mon nom.

N'as-tu pas des grâces à me demander pour toi ? Ecris, si tu veux, une longue liste de tous les besoins de ton âme et viens me la lire. Dis-moi simplement combien tu es sen suel, orgueilleux, susceptible, égoïste, lâche, paresseux, et demande-moi de te venir en aide dans les efforts que tu fais.

Pauvre enfant ! ne rougis pas ; il y a au ciel bien des élus, bien des saints qui avaient tes défauts ; ils m'ont prié, et peu à peu ils s'en sont corrigés.

N'hésite pas non plus à me demander les biens du corps et de l'intelligence : santé, mémoire, succès... Je puis tout donner et je donne toujours quand les biens sont utiles pour rendre les âmes plus saintes. Aujourd'hui que veux-tu, mon enfant ? Si tu savais l'envie que j'ai de te faire du bien ? N'as-tu pas des projets qui t'occupent ? Raconte-les moi en détail... A quoi penses-tu ? Que voudrais-tu ? S'agit-il de ton frère, de ta sœur, de ceux de qui tu dépends ? Que veux-tu faire pour eux ?

Et pour moi n'as-tu pas quelques pensées de zèle ? Ne veux-tu pas faire un peu de bien à l'âme de tes amis, de ceux que tu aimes et qui peut-être m'oublient ?

Dis-moi à qui tu t'intéresses, quel est le motif qui te pousse, quels sont les moyens que tu veux prendre ? Expose-moi ton insuccès, je t'en montrerai la cause. Qui veux-tu intéresser à ton œuvre ?

Je suis le maître des cœurs, mon enfant, et je les mène doucement où je veux. Je mettrai près de toi ceux qui te seront nécessaires, sois tranquille.

N'as-tu pas des ennuis ? O mon enfant ! raconte-moi tes ennuis avec beaucoup de détails. Qui t'a fait de la peine ? Qui a froissé ton amour-propre ? Qui t'a méprisé ? Dis-moi tout et tu finiras en ajoutant que tu pardonnes, que tu oublies... et moi je te bénirai.

Appréhendes-tu quelque chose de pénible ?

9

Y a-t-il dans ton âme ce vague effroi qui n'est pas raisonné, mais qui tourmente ? Confie-toi, pleinement à ma providence. Je suis là, je vois tout, je ne te délaisserai pas.

Y a-t-il autout de toi des cœurs qui te paraissent moins bons qu'autrefois et que leur indifférence, ou leur oubli éloigne de toi, sans qu'il te semble avoir rien fait pour les blesser ? Prie-moi pour eux, je les ramènerai, s'ils sont utiles à ta sanctification.

N'as-tu pas des joies à me faire savoir ? Pourquoi ne pas me faire part de tes bonheurs ? Dis-moi tout ce qui depuis hier est venu te consoler, te faire sourire, te porter à la joie ? C'est une visite inattendue qui t'a fait du bien, une crainte qui s'est dissipée tout à coup, une marque d'affection, une lettre, un souvenir, que tu as reçu, une épreuve qui t'a laissé plus fort que tu ne supposais...

Tout cela, mon enfant, c'est moi qui te l'ai ménagé, pourquoi ne t'en montrerais-tu pas reconnaissant et ne répéterais-tu pas merci ? La reconnaissance attire le bienfait et le bienfaiteur, aime qu'on lui rappelle ses bontés. N'as-tu pas des promesses à me faire ? je lis au fond de ton cœur, tu le sais ; on trompe les hommes, on ne trompe pas Dieu, sois donc sincère...

Es-tu résolu à ne plus t'exposer à cette occasion de pécher ? à te priver de tel objet qui te porte au mal ? à ne plus lire ce livre qui exalte ton imagination ? à ne plus donner ton amitié à cette personne dont la présence éloigne la paix de ton âme ? Sauras-tu tout de suite être aimable, complaisant pour celui ou celle qui t'a blessé ?

Bien, mon enfant... Va maintenant, va reprendre ton travail de tous les jours sois silencieux, modeste, résigné, soumis, charitable ; aime beaucoup la Sainte Vierge.

Et viens demain m'apporter un cœur plus dévoué et plus aimant.

Demain j'aurai pour toi de nouvelles grâces et de nouvelles faveurs.

Prière à saint Joseph,
recommandée par Sa Sainteté Léon XIII.

Nous recourons à vous dans nos tribulations, bienheureux Joseph, et, après avoir imploré le secours de votre très sainte Épouse, nous sollicitons aussi avec confiance votre patronage. Par l'affection qui vous a uni à la Vierge Immaculée, Mère de Dieu, par l'amour paternel dont vous avez entouré l'Enfant Jésus, nous vous supplions de regarder avec bonté l'héritage que Jésus-Christ a conquis de son sang et de nous assister de votre puissance et de votre secours dans nos besoins.

Protégez, ô très sage gardien de la divine famille, la race élue de Jésus-Christ ; préservez-nous, ô Père très aimant, de toute souillure d'erreur et de corruption ; soyez-nous propice et assistez-nous, du haut du ciel, ô notre très puissant libérateur, dans le combat que nous livrons à la puissance des ténèbres : et de même que vous avez arraché autrefois l'Enfant Jésus au péril de la mort, défendez aujourd'hui la Sainte Église de Dieu des embûches de l'ennemi et de toute adversité. Accordez-nous votre perpétuelle protection, afin que, soutenus par votre exemple et par votre secours, nous puissions vivre saintement, pieusement mourir et obtenir la béatitude éternelle du ciel. Ainsi soit-il. *(Indulg. 7 ans et 7 quarantaines. Léon XIII, 15 août 1889.)*

COURTES ASPIRATIONS

pour aider
à suivre la messe en union avec le Sacré-Cœur

AU COMMENCEMENT DE LA MESSE

Je viens ici, Seigneur, comme j'aurais été au Calvaire pour recueillir le sang précieux de votre Fils qui va couler sur l'autel, et je vous offre en adoration les sentiments de son divin Cœur.

AU CONFITEOR

Je suis coupable, ô mon Dieu, et couvert de péchés : faites que toutes mes souillures soient lavées dans la pureté du Cœur adorable de Jésus.

AU KYRIE ELEISON

Seigneur, qui par votre puissance nous avez donné la vie, ayez pitié de nous. Jésus-Christ, qui par votre amour nous avez rachetés, ayez pitié de nous.

AU GLORIA IN EXCELSIS

Gloire soit rendue à jamais au Dieu tout-puissant dans les profondeurs des Cieux ! Gloire soit rendue sur la terre au Cœur sacré de mon Sauveur qui a tant aimé les hommes.

A L'ÉPITRE

Seigneur Jésus, les apôtres ont entendu votre parole ; mais je l'entends aussi, puisque l'Eglise enseigne en votre nom. Faites que les enseignements tombés de votre divin Cœur pénètrent dans le mien et le façonnent à votre image.

A L'ÉVANGILE

Quelle bonne nouvelle, ô mon Dieu, que celle d'un Sauveur venant nous racheter, se faisant semblable à nous et prenant un Cœur pour nous aimer ! Je voudrais qu'elle soit connue de l'univers entier et que tous les peuples reçoivent la lumière de l'évangile.

AU CREDO

Je crois, ô mon Dieu, que vous êtes un en trois personnes et que vous avez créé toutes choses. Je crois que Jésus-Christ, la seconde personne de la Trinité sainte, a pris un corps pour nous sauver. Je crois à son amour pour les hommes et à l'efficacité de son sang. Je crois à l'Esprit-Saint que son Cœur adorable nous envoie pour nous sanctifier.

A L'OFFERTOIRE

Mon Dieu, je vous offre par les mains du prêtre cette hostie qui va être changée en votre Fils adorable ; rien n'est digne de vous sur la terre, si les mérites de Jésus-Christ ne viennent s'y ajouter. Ayez donc compassion de notre misère, et laissez-nous vous offrir, pour reconnaître votre souveraineté, le plus précieux de tous vos dons.

A LA PRÉFACE

Le moment approche où mon Sauveur avec son Cœur adorable descendra sur l'autel. O mon Dieu, ranimez la foi dans mon âme ; que, remplie d'espérance et embrasée d'amour, elle attende avec impatience le moment où le ciel fera pleuvoir sa rosée, et qu'elle chante avec toute la cour céleste : Saint, saint, saint est le Seigneur ; célébrons sa gloire mais aussi sa bonté, parce que grande est sa miséricorde.

AU CANON

Notre cœur vous appelle, ô mon divin Jésus, parce que sans vous nous ne pouvons rien faire. Comme les patriarches et les prophètes ont désiré votre venue sur la terre, nous attendons que vous descendiez sur l'autel. O Dieu du ciel, souvenez-vous que vous vous êtes fait d'une manière spéciale le Dieu de notre terre. Approchez de nous ce divin Cœur que vous avez pris pour nous aimer.

A L'ÉLÉVATION

Soyez le bienvenu parmi nous, mon Sauveur et mon Dieu ! Je vous adore du profond de mon cœur. Je vous remercie de perpétuer par le miracle eucharistique votre présence parmi nous et de renouveler ici le sacrifice du Calvaire pour nous en appliquer les fruits.

SUITE DU CANON

Voici enfin, ô Père Eternel, une victime digne de vous : Nous vous l'offrons en sacrifice d'adoration pour vous rendre tous les honneurs, tous les hommages, toute la gloire qui vous est due ; en sacrifice d'action de grâces pour tous les bienfaits dont vous nous comblez ; en sacrifice d'expiation pour nos nombreux péchés ; en sacrifice de demande pour obtenir de vous tout ce dont nous avons besoin. Voilà ce Cœur adorable qui s'est ouvert sur la croix et qui pour nous a versé tout son sang. Ce sang coule encore sur l'autel ; qu'il apaise votre justice et nous obtienne miséricorde. Au nom du Sacré-Cœur ayez pitié de nous, de nos amis, de nos ennemis, de l'Eglise tout entière, des vivants et des morts. Ayez pitié de ceux qui ne vous aiment pas et faites luire à leurs yeux une éclatante lumière. Prenez tous les sentiments de ce Cœur adorable pour suppléer à nos sentiments imparfaits. O mon Dieu, vous ne pouvez rien désirer de plus grand que ce que nous vous offrons.

AU PATER

Cœur de mon Père, veillez sur moi et donnez-moi pour vous un cœur d'enfant.

A L'AGNUS DEI

Agneau de Dieu immolé pour nous, ayez pitié de nous, appliquez-nous les mérites de votre précieux sang.

A LA COMMUNION

O Jésus ! venez, venez en moi ! que votre divin Cœur repose sur mon cœur, qu'il le rende doux et humble comme lui, bon et charitable comme lui. Embrasez-moi de votre amour. Je suis à jamais tout à vous puisque vous vous donnez complètement à moi.

POSTCOMMUNION

Comment pourrais-je oublier votre amour, ô mon Dieu, après en avoir reçu de telles preuves ? Non ! Je chercherai à vous le prouver en travaillant uniquement pour vous, et s'il faut être victime avec vous pour le salut des âmes, j'en puiserai la force dans votre Sacré-Cœur.

AU DERNIER ÉVANGILE

Il est venu à nous, Celui qui est le Verbe ; suivons-le et nous marcherons dans la lumière. Il est venu à nous, Celui qui est l'Amour ; attachons-nous à lui, et son Cœur adorable embrasera nos cœurs et nous trouverons le repos de nos âmes ; car son joug est doux et son fardeau léger.

PRIÈRE POUR LES AGONISANTS

O très clément Cœur de Jésus, vous aimez les âmes, je vous en conjure par l'agonie de votre Cœur Sacré et par les douleurs de votre Mère Immaculée, lavez dans votre sang les pécheurs de tout l'univers, qui sont maintenant à l'agonie et qui doivent mourir aujourd'hui. Ainsi soit-il.

Cœur agonisant de Jésus, ayez pitié des mourants.

(Indulgence de 100 jours chaque fois qu'on récite cette prière dévotement et avec un cœur contrit.

Indulgence plénière pour ceux qui l'auront récitée trois fois par jour à trois moments différents de la journée pendant un mois entier ; à la condition que, s'étant confessés et ayant communié, ils visitent une église ou un oratoire public et y prient quelque temps aux intentions du Souverain Pontife. Rescrit de Pie IX, le 2 février 1880.)

Consécration à N.-D. des Sept-Douleurs.

O Marie, Mère de Douleurs, pénétrés de compassion à la vue des angoisses de votre cœur sur le Calvaire, nous venons vous en témoigner notre reconnaissance. N'est-ce pas à cause de nous que vous avez souffert? Dès le jour où vous avez accepté d'être notre Mère, en nous donnant le Sauveur, votre vie a été associée au sacrifice de votre Divin Fils. Mais quel ne fut point l'excès de vos douleurs au pied de la Croix, lorsque vous avez vu nos péchés s'acharner contre la Sainte

Victime, et lui faire souffrir sous vos yeux les plus indicibles tourments !

Pardon, ô Mère bien-aimée, de vous avoir causé tant de souffrances ; pardon pour le martyre d'amour que nous avons infligé à votre cœur maternel.

Pour réparer autant qu'il est en nous nos offenses et notre ingratitude, nous nous consacrons pour toujours à votre Cœur transpercé par le glaive de la douleur. Nous voulons l'honorer dans ses souffrances, le faire honorer autour de nous et le glorifier en imitant votre constance inébranlable dans l'immolation. Nous acceptons d'avance les peines par lesquelles il plaira à Dieu d'associer notre vie à votre mission réparatrice. Nous en reconnaissons la justice et nous les bénissons, vous priant de les offrir avec les vôtres afin d'éloigner de nous et de tous ceux qui nous sont chers, les coups terribles de la vengeance divine.

Gardez à nos familles la paix et le bonheur; maintenez notre patrie dans la foi de ses pères ; conservez à l'Eglise son intégrité et sa prospérité ; donnez-nous enfin à tous d'imiter ici-bas votre résignation et votre constance, afin de prendre part aux joies dont votre Divin Fils vous comble pendant l'éternité.

Ainsi soit-il.

O Mère pleine d'amour ! faites que je ressente l'amertume
de votre douleur et que j'unisse mes larmes aux vôtres.

Faites que mon cœur soit embrasé d'amour pour Jésus
mon Dieu, et ne cherche qu'à lui plaire.

PETIT CHEMIN DE LA CROIX [1]

***

1re STATION
Jésus est condamné à mort.

O miséricordieux Jésus ! Nos péchés ayant causé votre mort, nous vous supplions d'agréer notre repentir.

Pater, ave, gloria... Ayez pitié de nous, Seigneur, et des fidèles trépassés. Ainsi-soit-il.

2e STATION
Jésus est chargé de sa croix.

O doux Jésus ! Nous voulons, à votre exemple, accepter les croix qu'il vous plaira de nous envoyer.

Pater, ave, gloria... Ayez pitié de nous, Seigneur, et des fidèles trépassés. Ainsi-soit-il

---

[1] Ce petit Chemin de la Croix a été spécialement revêtu de l'*Imprimatur* du Révérendissime Maître du Sacré-Palais au moment où on terminait l'impression de ce volume. — Les personnes qui feront ce Chemin de Croix sont instamment priées de l'offrir en l'honneur des cinq plaies de N.-S. pour la délivrance des âmes du Purgatoire qui ont le plus aimé le Sacré-Cœur.

3° STATION

Jésus tombe sous le poids de sa croix.

Que le sang de la flagellation et du couronnement d'épines nous mérite d'être relevés de nos chutes.

Pater, ave, gloria... Ayez pitié de nous, Seigneur, et des fidèles trépassés. Ainsi-soit-il.

4° STATION

Jésus rencontre sa Très Sainte Mère.

Montons au Calvaire avec Marie, embrasés de son amour et de sa fermeté au pied de la Croix.

Pater, ave, gloria... Ayez pitié de nous, Seigneur, et des fidèles trépassés. Ainsi-soit-il.

5° STATION

Simon aide Jésus à porter sa croix.

Daignez, ô divin Crucifié ! nous rendre dignes de partager vos souffrances.

Pater, ave, gloria... Ayez pitié de nous, Seigneur, et des fidèles trépassés. Ainsi-soit-il.

6° STATION

Une femme pieuse essuie la face de Jésus

Ayons constamment à la pensée l'adorable face ensanglantée pour expier nos crimes.

Pater, ave, gloria... Ayez pitié de nous, Seigneur, et des fidèles trépassés. Ainsi-soit-il.

7ᵉ STATION

Jésus tombe à terre pour la seconde fois.

Sollicitons humblement d'être pardonnés et préservés de nouvelles chutes.

Pater, ave, gloria... Ayez pitié de nous, Seigneur, et des fidèles trépassés. Ainsi-soit-il.

8ᵉ STATION

Jésus console les filles de Jérusalem qui le suivent.

O aimable Jésus ! Nous vous demandons instamment vos ineffables consolations.

Pater, ave, gloria... Ayez pitié de nous, Seigneur, et des fidèles trépassés. Ainsi-soit-il.

9ᵉ STATION

Jésus tombe pour la troisième fois.

O bon Maître ! Par votre inépuisable charité, ne vous lassez point de nos perpétuelles défaillances.

Pater, ave, gloria... Ayez pitié de nous, Seigneur, et des fidèles trépassés. Ainsi-soit-il.

10ᵉ STATION

Jésus est dépouillé de ses vêtements.

Source inénarrable de pureté, dépouillez-nous de nos convoitises qui blesseraient la modestie.

Pater, ave, gloria... Ayez pitié de nous, Seigneur, et des fidèles trépassés. Ainsi-soit-il.

11ᵉ STATION
Jésus est attaché à la croix.

Que la vue du crucifiement de l'Homme-Dieu nous attache pour toujours à son service.
Pater, ave, gloria... Ayez pitié de nous, Seigneur, et des fidèles trépassés. Ainsi-soit-il.

12ᵉ STATION
Jésus meurt sur la croix.

O souverain Rédempteur ! Nous voulons mourir à nous-mêmes, pour être entièrement à vous.
Pater, ave, gloria... Ayez pitié de nous, Seigneur, et des fidèles trépassés. Ainsi-soit-il.

13ᵉ STATION
Jésus est déposé de la croix et remis à sa Mère.

Daignez, ô compatissant libérateur ! descendre dans nos âmes et leur porter la paix.
Pater, ave, gloria... Ayez pitié de nous, Seigneur, et des fidèles trépassés. Ainsi-soit-il.

14ᵉ STATION
Jésus est mis dans le sépulcre.

O notre bien-aimé Sauveur ! Restez au milieu de nous, agréant notre repentir et notre attente des joies du ciel.
Pater, ave, gloria... Ayez pitié de nous, Seigneur, et des fidèles trépassés. Ainsi-soit-il.

L. F.

IMPRIMATUR
Fr. Alb. Lepidi O. P. S. P. Ap. Mag.

TABLE DES MATIÈRES

VICTOIRE AU SACRÉ CŒUR
Paroles de
MONSEIGNEUR DENÉCHAU
ÉVÊQUE DE TULLE
Musique de
BOISSIER-DURAN

Allegro Maestoso
Vic- toire au Sa- cré Cœur Ch-
qu'il est bon d'y croi- re En cé-lé-brant la gloi- re Du di- vin Ré-demp-
teur En cé-lé-brant la gloi- re Du di-vin Ré-demp- teur Vic- toi- re Vic-
toi- re Vic- toire au Sa- cré Cœur Vic- toi- re Vic- toi- re Vic- toi- re au Sacré Cœur

VICTOIRE AU SACRÉ-CŒUR

Paroles de Mgr DENECHAU, évêque de Tulle

Musique de BOISSIER-DUBAN.

1°

Victoire au Sacré-Cœur :
Oh ! qu'il est bon d'y croire,
En célébrant la gloire
Du divin Rédempteur !

REFRAIN

Victoire, Victoire !
Victoire au Sacré-Cœur ! bis.

2°

Victoire au Sacré-Cœur :
C'est l'aimable mystère
Que le ciel et la terre
Doivent chanter en chœur.

3°

Victoire au Sacré-Cœur !
C'est pour l'Eglise entière
Un foyer de lumière
Et d'ardente chaleur.

4°

Victoire au Sacré-Cœur :
Présent dans son Vicaire,
C'est le bien-aimé Père,
Le Souverain Pasteur.

5°

Victoire au Sacré-Cœur !
Toute grâce est promise,
Toute espérance est mise
Dans ce culte enchanteur.

6°

Victoire au Sacré-Cœur !
Dans les plus froides âmes
Il allume les flammes
De la sainte ferveur.

7°

Victoire au Sacré-Cœur !
Tout pasteur de l'Eglise
A cette source puise
La force et la douceur.

8°

Victoire au Sacré-Cœur !
Dans la chaire sacrée
La grâce est assurée
A son prédicateur

9°

Victoire au Sacré-Cœur !
Si le juste est sa gloire.
Plus grande est sa victoire
Sur l'obstiné pécheur

10°

Victoire au Sacré-Cœur !
O communautés saintes.
Vaines seraient vos craintes
Avec ce protecteur.

11°

Victoire au Sacré-Cœur !
Tendre ami de l'enfance.
Il prendra sa défense.
Contre tout oppresseur

12°

Victoire au Sacré-Cœur !
La jeunesse nouvelle
Retrouve en Lui le zèle
Et l'antique valeur.

13°

Victoire au Sacré-Cœur !
Par Lui plus de faiblesse ;
Le chrétien se redresse
Sans reproche et sans peur

14°

Victoire au Sacré-Cœur !
Au foyer de famille.
Sa douce image brille
Ecartant le malheur.

15°

Victoire au Sacré-Cœur !
Il consacre la joie.
Et si Dieu nous l'envoie.
Adoucit la douleur

16°

Victoire au Sacré-Cœur !
En lui sont nos délices
Il donne aux sacrifices
Une exquise saveur.

17°

Victoire au Sacré-Cœur !
Si la France est coupable
Par l'amour ineffable
Il sera son vainqueur.

18°

Victoire au Sacré-Cœur !
Si la France est fidèle,
Oh ! qu'elle sera belle
Sous la Croix du Sauveur !

19°

Victoire au Sacré-Cœur :
A Paray sa Voyante
Nous portait rayonnante
Son insigne faveur

20°

Victoire au Sacré-Cœur !
Montmartre est l'espérance.
Le cri de repentance
Vers son trône d'honneur.

21°

Victoire au Sacré-Cœur !
O Belzunce ! O Marseille !
Quels souvenirs réveille
Ce cri libérateur !

22°

Victoire au Sacré-Cœur !
Après un long orage.
C'est l'adorable gage
D'un avenir meilleur.

23°

Victoire au Sacré-Cœur !
C'est notre confiance.
Plus tard la jouissance
De l'éternel bonheur.

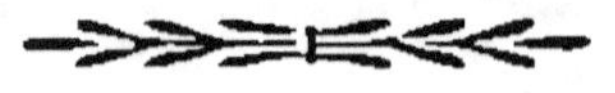

IGNEM VENI MITTERE IN TERRAM

(Duo & Chœur a 3 voix)

AU SACRÉ-CŒUR DE JÉSUS

Je suis venu parmi vous sur la terre
Pour allumer le feu du saint amour :
Et mon désir, ma gloire la plus chère
Est de le voir embraser ce séjour.

REFRAIN

Cœur de Jésus, doux charme de ma vie,
Je t'aimerai d'un amour éternel.
Mon cœur brûlant dans son transport s'écrie
T'aimer ici, t'aimer un jour au ciel !

Si tu savais, enfant, l'amour immense
Qui de mon cœur fait un ardent foyer,
Oh ! tu viendrais, plein de reconnaissance
Et plein d'amour t'immoler tout entier !

C'est dans ce cœur déchiré par un glaive
Que l'âme tiède excite sa langueur,
Que le pécheur abattu se relève,
Que le fidèle entretient sa ferveur

Oui, c'en est fait, je te cède les armes ;
Ton tendre amour a vaincu ma froideur !
Ton cœur blessé me fait verser des larmes,
Et cependant, j'y trouve le bonheur.

Pour ton amour, pour prix de ta tendresse
Je ne veux plus que t'aimer et souffrir.
Entends, mon Dieu, le vœu que je t'adresse
Pour mieux t'aimer, fais-moi bientôt mourir.

SERMENT DE FIDÉLITÉ

DIALOGUE ENTRE J.C. ET LE PEUPLE

Paroles et Musique de M. l'Abbé L. VERDON

2e COUPLET

J.-C. — C'est bien, mes fils, mais laissez-moi vous dire,
En vous quittant, que je veux de vos cœurs
Au fond du mien graver, pour les relire,
Les fiers serments qui vous rendront vainqueurs.
Le Peuple. — Écoutez-les (bis) ces serments de nos cœurs (bis)

3e COUPLET

J.-C. — Les vrais chrétiens combattent sans murmure,
Je suis leur chef et leur glaive est ma croix,
Acceptez-vous ce chef et cette armure,
Jusqu'à la mort défendrez-vous mes droits ?
Le Peuple. — Jusqu'à la mort (bis) nous défendrons vos droits (bis).

4e COUPLET

J.-C. — Quand des ingrats, vomissant le blasphème,
Se font un jeu d'accroître mes douleurs,
Où sont les voix pour crier : Je vous aime !
Où sont les mains pour essuyer mes pleurs ?
Le Peuple. — Nous serons là (bis) pour essuyer vos pleurs (bis).

5e COUPLET

J.-C. — Mon cœur s'est fait des foyers de vos âmes,
En y versant le trop plein de ses feux,
Mais ces foyers lanceront-ils des flammes,
Répandront-ils mon amour autour d'eux ?
Le Peuple. — Ils répandront (bis) votre amour autour d'eux (bis).

6e COUPLET

J.-C. — Les chevaliers rendaient aux rois leur trône,
Je vous ai faits chevaliers de la foi...
Qui me rendra mon sceptre et ma couronne,
Si mes enfants ne combattent pour moi ?
Le Peuple. — Nous combattrons (bis) et vous resterez Roi (bis)

7e COUPLET

J.-C. — Je te bénis, ô foule prosternée,
Dont tous les cœurs m'ont dit : — Comptez sur nous !
Pour être grande, et forte, et couronnée,
L'autel, le ciel, voilà mes rendez-vous !...
Le Peuple. — Nous vous jurons (bis) de nous y trouver tous ! (bis)

TRÉSOR DU MONDE

Paroles de l'Auteur du Mois du Sacré Cœur, A. M. S. C. J. G.

Musique de M. M. GRANDHOUCHE, professeur de chant à Lyon

CHŒUR

Cœur de Jésus, trésor du monde,
Tout ce qui nous manque est en toi ;
Dans nos cœurs, quelle paix profonde
Quand tu nous dis : « Venez à moi ! »
Cœur de Jésus, source de vie,
Autel où brûle un pur amour,
Réchauffe notre âme engourdie,
Que nous t'aimions à notre tour !

1" COUPLET

Je prendrai dans ton cœur, ô Sauveur de la terre,
L'hommage que je dois à la Divinité ;
Où trouver un accent, moi néant et misère,
Digne de sa grandeur et de sa majesté ?

Cœur de Jésus, trésor du monde... etc.

2" COUPLET

Je prendrai dans ton cœur, un hymne de louanges
Pour rendre grâce à Dieu de bienfaits incessants ;
Les cantiques humains, tous les concerts des anges
Pour le remercier demeurent impuissants.

Cœur de Jésus, trésor du monde... etc.

3" COUPLET

Je prendrai dans ton cœur, holocauste sublime,
Le moyen d'expier mes coupables erreurs ;
N'es-tu pas, ô Jésus, l'innocente Victime
Qui lave de son sang les crimes des pécheurs ?

Cœur de Jésus, trésor du monde... etc.

4" COUPLET

Je prendrai dans ton cœur le cri de la demande
Pour éviter tout mal, pour obtenir tout bien ;
Nos besoins sont nombreux, notre indigence est grande ;
A qui prie en ton nom, Dieu ne refuse rien.

Cœur de Jésus, trésor du monde,
Tout ce qui nous manque est en toi ;
Dans nos cœurs, quelle paix profonde
Quand tu nous dis : « Venez à moi ! »
Cœur de Jésus, source de vie,
Autel où brûle un pur amour,
Réchauffe notre âme engourdie :
Que nous t'aimions à notre tour !

CŒUR DE JÉSUS, TRÉSOR DU MONDE

VENEZ A MOI

Paroles de l'Auteur des mois du Sacré-Cœur
A. M. S. C. J. G.

Musique de M. M. Grandbo
Professeur de Chant
LYON

VENEZ A MOI

Paroles de l'Auteur du mois du Sacré-Cœur A. M. S. C. J. G.
Musique de N. N. GRANDBOUCHE, professeur de chant à Lyon

I

Venez à moi, vous qui portez sur terre
Le poids du jour et d'accablants labeurs ;
Venez à moi   dans le divin mystère
Mon cœur attend   il n'attend que vos cœurs.
    Venez à moi dans la souffrance :
    Laissez-vous guider par la foi ;
    Je suis la force et l'espérance :
    Venez à moi ! Venez à moi !

II

Pour l'âme aimante il fait froid en ce monde,
Tout ici-bas est fragile ou trompeur ;
Du saint amour j'ai la source féconde :
Du feu du ciel j'apporte la chaleur.
    Venez à moi vous qu'on oublie :
    Venez, remplis d'un saint émoi :
    Je suis la tendresse infinie :
    Venez à moi ! Venez à moi !

III

Le criminel redoute la justice,
Il croit déjà subir son triste sort,
Et, frémissant, cherche à rendre propice
Celui qui va porter l'arrêt de mort.
    Venez si votre âme déborde
    De crainte, de honte, d'effroi,
    Car je suis la miséricorde
    Venez à moi ! Venez à moi !

IV

Pour lui donner une nouvelle vie
J'ai pris sur moi le crime du pécheur,
Et n'ai trouvé dans ma sombre agonie
Pas un ami, pas un consolateur.
    Ah ! dans la grotte solitaire
    Apportez vos cœurs pleins de foi,
    Vos cœurs pleins d'un amour sincère :
    Venez à moi ! Venez à moi !

V

J'ai fait jaillir une source de grâces,
Mon cœur ouvert a livré tout son sang,
Et l'homme ingrat, loin de suivre mes traces,
Tourne la tête et m'insulte en passant
    Pour conjurer tous les orages
    Que l'impie attire sur soi ;
    Pour réparer ses mille outrages .
    Venez à moi ! Venez à moi !

VI

Oui, nous venons à ce Cœur adorable,
Divin Jésus, seul auteur de tout bien ;
Pour ton amour, trésor incomparable,
Pour ton amour, je donnerai le mien.
    Cœur de mon ami, de mon Père,
    Cœur de mon Maître, de mon Roi
    En toi seul je crois et j'espère .
    Je suis à toi ! Je suis à toi !

VII

Cœur de Jésus je t'apporte ma vie ;
Tes battements seront mes battements ;
Tous mes désirs, mon bonheur, mon envie
Sont les désirs, les amours, tes élans.
    O Cœur jaloux, ô Bien suprême,
    De te déplaire garde-moi ;
    Dépouille-moi de tout moi-même ;
    Je suis à toi ! Je suis à toi !

VIII

Le passereau fait son nid de verdure
Et la colombe a le creux du rocher ;
Où trouverai-je une couche plus sûre ;
C'est dans ton cœur que je viens me cacher
    Je mets, pour brûler de sa flamme,
    Ma vie entière sous ta loi ;
    La mort y fixera mon âme ;
    Je suis à toi ! Je suis à toi !

SITIO

J. Seytre

Directeur du Grand Collège St Stanislas Nantes

SITIO

J. SEYTRE

Directeur du Grand Collège St-Stanislas, à Nimes

———————

1

J'ai soif ! ô mon enfant, regarde sur la terre
La haine, les fureurs de ce peuple égaré,
Qui marche contre moi, provoquant ma colère.
Da mihi bibere !

CHŒUR

Cœur sacré de Jésus, ta voix douce et plaintive,
Comme un écho des Cieux, réveille notre foi.
A tes lois désormais tiens notre âme captive.
Par pitié, sauve-nous, car nous sommes à toi.

2

L'homme a renouvelé le crime du Calvaire ;
Tandis qu'il me maudit, Satan est adoré.
Ne suis-je plus son Dieu ? Ne suis-je plus son père
Da mihi bibere !

3

A l'autel, nuit et jour, volontiers je m'immole ,
Je voudrais son salut et j'en suis altéré .
Mais il n'y pense pas, sa perte me désole :
Da mihi bibere !

4

L'ingrat cherche partout le bonheur sur la terre,
Excepté dans mon Cœur où je l'ai préparé.
Toi qui me connais mieux, toi dont l'âme est sincère,
Da mihi bibere !

5

Tu connais mon désir : allumer dans les âmes
Le feu du saint amour dont je suis dévoré.
Réponds à mes desseins, brûle des mêmes flammes :
Da mihi bibere !

6

Souviens-toi, mon enfant, que ce pieux asile,
Aux jours de la tourmente on me l'a consacré.
Qu'à mon Cœur désormais ton cœur reste docile,
Da mihi bibere !

Au Sacré Cœur de Jésus

AU SACRÉ-CŒUR DE JÉSUS

Paroles et musique de M. l'Abbé Pierre DUPUIS

Curé-Archiprêtre de Saint-André, à Tarare, diocèse de Lyon

REFRAIN

Cœur de Jésus, doux espoir de la France,
Entendez-vous jusqu'aux Cieux retentir
Son cri d'alarme et son chant d'espérance,
Voyez son cœur s'ouvrir au repentir ;
Pardon ! Pardon ! Cœur toujours tendre et bon,
Pardon ! Pardon ! Cœur de Jésus, pardon !

1

Cœur de Jésus, océan de souffrance,
Foyer brûlant de votre amour pour nous,
Que de douleurs abreuvent en silence
Ce divin Cœur qui s'est livré pour tous.

2

Cœur de Jésus, les épines cruelles,
La croix, la lance en déchirant vos flancs,
Ouvrent encor des blessures nouvelles
D'où le sang coule et ruisselle à torrents.

3

Cœur de Jésus, c'est dans l'Eucharistie
Que votre amour se révèle à nos cœurs ;
Pourquoi faut-il qu'ici l'on vous oublie
Et que pour vous l'on ait tant de froideurs ?

4

Cœur de Jésus, vous êtes notre vie
Et le chemin qui nous ramène au port,
Sans vous nos pas dans la nuit obscurcie
Nous conduiraient dans l'éternelle mort.

5

Cœur de Jésus, vous êtes le refuge,
L'asile ouvert à tout homme pécheur,
Mais au grand jour, inexorable Juge
De votre amour vous serez le vengeur.

6

Cœur de Jésus, à votre amer calice
Nous avons tous mélangé notre fiel,
Pour réparer notre longue injustice
Nous reviendrons embrasser votre autel.

7

Cœur de Jésus, formant votre phalange,
Nous vengerons vos droits et votre amour,
Nous chanterons vos hymnes de louange
Et nous jurons d'être à vous sans retour.

8

Cœur de Jésus, aimez toujours la France
Et ramenez ses enfants à vos lois ;
Faites briller à ses yeux l'espérance
Et rendez-lui ses vertus d'autrefois.

LE DRAPEAU DU SACRÉ-CŒUR

Paroles de M. le Chan F. QUEYRAN. — Musique de M. l'abbé P. CHASSANG

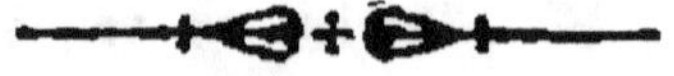

2. Flotte sur le palais ! flotte sur la chaumière,
    Signe adoré, signe vainqueur.
Que les peuples chrétiens, sous ta blanche bannière
    Viennent s'unir au Sacré-Cœur.

3. Noble étendard du Christ, resplendis sur la France
    Nous tes enfants, nous t'en prions
Dans tes plis glorieux tu portes l'espérance
    Et le salut des nations

4 Rayonne sur nos murs, ô céleste oriflamme !
    Ombrage les cœurs innocents.
D'un des rayons ravis à la divine flamme
    Pare nos fronts d'adolescents.

5 Debout et en avant ! jeunesse magnanime,
    Acclamons notre rédempteur,
Maintenons notre foi dans un élan sublime,
    Sous le drapeau du Sacré-Cœur.

LE SCAPULAIRE DU CŒUR DE JÉSUS

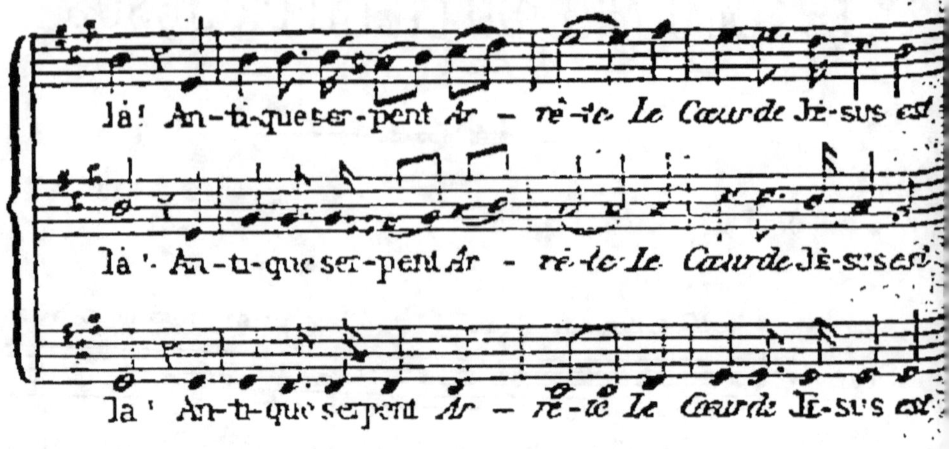

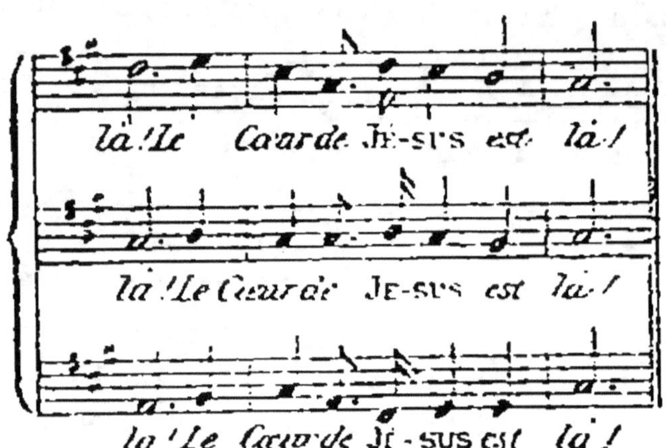

II

Dans mon cœur que ton audace
Croit avoir déjà saisi,
Viendrais-tu prendre la place
De ce Roi que j'ai choisi ?
Pour assurer ta défaite,
Sais-tu qu'un Dieu s'immola ?
Esprit de mensonge, — Arrête,
Le Cœur de Jésus est là ! .

III

Il est là quand je sommeille.
Mon céleste et doux gardien;
A son cœur qui toujours veille
Viendrais-tu ravir le mien ?
Ton souffle est une tempête
Que nulle autre n'égala...
Mais un Dieu me garde, — Arrête
Le Cœur de Jésus est là

IV

Ne crois pas de notre France
Triompher par un combat,
Elle a mis son espérance
Dans celui que rien n'abat.
N'opposant qu'une houlette
A la lance d'Attila,
Elle a su te vaincre... — Arrête
Le cœur de Jésus est là !...